管 理 经 典 丛 书

战略管理

STRATEGIC MANAGEMENT

(Classic Edition)

[美] H. 伊戈尔·安索夫 著
H. Igor Ansoff

[澳] 吴卫军
高 羽 译

图书在版编目（CIP）数据

战略管理：典藏版 /（美）H. 伊戈尔·安索夫著；（澳）吴卫军，高羽译 . -- 北京：机械工业出版社，2025. 3. --（管理经典丛书）. -- ISBN 978-7-111-77859-2

I. C931.2

中国国家版本馆 CIP 数据核字第 2025W8E443 号

机械工业出版社（北京市百万庄大街 22 号　邮政编码 100037）

策划编辑：许若茜　　责任编辑：许若茜、章承林

责任校对：王　捷　张雨霏　景　飞　　责任印制：常天培

北京联兴盛业印刷股份有限公司印刷

2025 年 7 月第 1 版第 1 次印刷

170mm × 240mm · 17.5 印张 · 1 插页 · 208 千字

标准书号：ISBN 978-7-111-77859-2

定价：69.00 元

电话服务	网络服务
客服电话：010-88361066	机　工　官　网：www.cmpbook.com
010-88379833	机　工　官　博：weibo.com/cmp1952
010-68326294	金　　书　　网：www.golden-book.com
封底无防伪标均为盗版	机工教育服务网：www.cmpedu.com

丛书赞誉

任何一门学问，如果割断了与自身历史的联系，就只能成为一个临时的避难所，而不再是一座宏伟的城堡。在这套管理经典里，我们可以追本溯源，欣赏到对现代管理有着基础支撑作用的管理思想、智慧和理论。大师的伟大、经典的重要均无须介绍，而我们面对的经典内容如此丰富多彩，再美的语言也难以精确刻画，只有靠读者自己去学习、去感悟、去思考、去探寻其中的真谛和智慧。

西交利物浦大学执行校长◎席酉民

当企业在强调细节管理、有效执行的时候，实际上也是在强调对工作的分析和研究。当我们在强调劳资合作的时候，也就是在强调用科学的方法研究工作，将蛋糕做大，从而使双方都能获益。最原始的思想往往也是最充满智慧的、纯粹的、核心的思想。

南京大学人文社会科学资深教授、商学院名誉院长、

行知书院院长◎赵曙明

现代管理学的形成和发展源于相关人文社会科学学者对组织、组织中的人和组织管理实践的研究。如果我们能够转过身去，打开书柜，重新看看这些著名学者的经典作品，就会发现摆在我们面前的多数当代管理图书好像遗失了点什么——对管理本质和实践的理解，就会感叹它们的作者好像缺少了点什么——扎实的理论功底和丰富的实践经验。

华南理工大学工商管理学院前院长◎蓝海林

把管理作为一门可以实验的科学，是具有开拓性的思考者和实践者留下的宝贵精神财富。伴随着科技进步和生产工具手段的变化，追求管理科学性的努力生生不息，成为人类文明的一道亮丽风景线。

复旦大学企业研究所所长◎张晖明

管理百年，经典有限，思想无疆，指引永远。经典，是经过历史检验的学术精华，是人类精神理性的科学凝练，是大师级学者回应重大现实问题的智慧结晶。希望青年学子能够积淀历史，直面现实读经典；希望年轻学者戒骄戒躁，像大师一样做真学问，代代传承出经典。

北京师范大学人本发展与管理研究中心主任◎李宝元

该丛书是管理学科的经典著作，可为读者提供系统的管理基础理论和方法。

武汉理工大学管理学院教授◎云俊

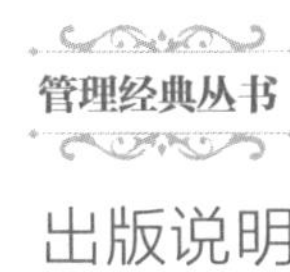

出版说明

自 1911 年弗雷德里克·泰勒的《科学管理原理》出版至今，漫长的管理历程中不断涌现灿若星河的经典之作。它们在管理学的天空中辉映着耀眼的光芒，如北极星般指引着管理者们不断前行。这些图书之所以被称为管理经典，是因为在约百年的管理实践中，不管外界环境如何变迁，科学技术生产力如何发展，它们提出的管理问题依然存在，它们总结的管理经验依然有益，它们研究的管理逻辑依然普遍，它们创造的管理方法依然有效。

中国的管理学习者对于管理经典可以说是耳熟能详，但鉴于出版时间久远、零乱和翻译的局限，很多时候只能望书名而兴叹。“管理经典丛书”的推出，不仅进行了系列的出版安排，而且全部重新翻译，并统一装帧设计，望能为管理学界提供一套便于学习的精良读本。

中国的管理实践者身处的内外环境是变化的，面对的技术工具是先进的，接触的理论方法是多样的，面临的企业增长是快速的，他们几乎没有试错的时间。那么他们要如何提升自己的管理水平，才能使自己在竞争中立于不败之地？最好的方法就是找到基本的管理理论。管理经典就如一盏盏明灯，既是最基本的管理，又是更高明的管理。因此，对管理实践者来说，阅读这套丛书将受益良多。

“管理经典丛书”追求与时俱进。一方面，从古典管理理论起，至当代管理思想止，我们选取对中国的管理实践者和学习者仍然有益的著作，进行原汁原味的翻译，并请专业译者加强对管理术语的关注，确保译文的流畅性和专业性。另一方面，结合中国的管理现状，我们邀请来自企业界、教育界、传媒界的专家对这些著作进行最新的解读。

这些工作远非机械工业出版社凭一己之力可以完成，得到了各界专家的支持与帮助，在此一并感谢：

包　政　陈佳贵　陈春花　黄群慧　蓝海林　李宝元
李新春　马风才　彭志强　施　炜　王方华　王以华
王永贵　魏　江　吴伯凡　吴晓波　席酉民　肖知兴
邢以群　颜杰华　杨　斌　云　俊　张晖明　张瑞敏
赵曙明

“管理经典丛书”秉承“为中国读者提供世界管理经典的阅读价值，以知识促进中国企业的成长”这一理念，精心编辑，诚意打造。谨盼这套丛书能借大师经典之作，为更多管理实践者和学习者创造出更为有效的价值。

推荐语

战略决定一切。

陈东升
泰康保险集团创始人、董事长兼首席执行官
《战略决定一切》作者

公司管理是一门需要实践反复验证的理论学科，既需要有理论高度的深刻认知，更需要有实践结果的不断检验，因此充满令人持续探索的无穷魅力。安索夫的《战略管理》很特别地引入了 ESO 的理论框架，强调环境与战略管理的相互作用及影响，有方法，有工具，兼具理论与应用。它适用于以营利为目的的商业组织，也适用于非营利性的一般社会机构，有较好的通用性。

战略管理是一个从企业理念到企业行为的共识形成过程，需要经营企业行为的因时而变、不断调整与优化，并且通过预算、绩效和组织对其进行适时校正。战略管理本质上是要解决如何做正确的事情，是为了搞清楚将来的企业要成为什么样子。在这个意义上，战略管理也是一种对企业领导者的能力考量。

吕明方
上海医药集团原董事长
方源资本（亚洲）有限公司合伙人
中国医疗健康产业投资50人论坛创始主席

熟悉企业的运行方式，尤其是熟悉成熟或大型企业运行方式的读者们，一般都会理解，这类企业最不缺的往往就是战略。对于中小型企业而言，尽管它们多以精干、敏捷脱颖而出，但当它们一步一步成长、壮大之后，其业务复杂性和管理的难度也会随着业务量的增长而增加，其对战略的要求，无论是质量还是数量，与公司草创初期常见的“拍脑袋”的决策方式相比有本质的不同。在这个阶段，企业领导者们往往开始关注制定正规战略的能力。因此，对于中小型企业而言，同样不缺战略。不缺战略，那缺的是什么？是战略的“落地”，也就是动态、高效地选择、推广与执行战略。

安索夫的《战略管理》一书提出了系统性的战略管理框架，帮助企业在复杂多变的环境中实现战略的高效落地。安索夫强调，战略管理不仅仅是制订计划，更是将计划转化为行动的过程。他提出了战略规划、战略实施和战略评估的完整体系，指导企业如何在动态环境中选择合适的战略，并确保其有效执行。在这个信息爆炸、知识泛滥和真相缺失的时代，如何掌握真实的状况、形成清晰的观点、通过阐明自己的理念而与众人达成有效的共识，成为一个组织与个体生存与发展的保障。

对我而言，这本书最大的价值在于它不仅提供了理论框架，还以数字量化的形式展示了如何将战略从理论转化为实践。感谢安索夫的深刻洞见，也感谢译者精准流畅的翻译，让这本书能够跨越语言的障碍，为我们带来这场思维的盛宴。

韦青

微软（中国）首席技术官

在剧烈变革的经济金融环境下，企业家往往需要从管理经典中汲取智慧。安索夫的《战略管理》是动荡市场环境下的企业战略应对手册。在当今全球地缘政治格局重构加剧、技术创新周期加速变短的背景下，企业面临的已非传统简单的市场波动，而是结构性剧变 —— 从全球供应链重构，能源革命到 AI 挑战，安索夫 50 年前提出的"战略响应能力"理论，显现出穿透时空的战略洞察力。

从经济学视角看，企业战略的本质是稀缺资源在不确定性中的最优配置问题。安索夫框架启示我们：当市场环境动荡指数突破阈值时，传统的 SWOT 分析将让位于"战略弹性"构建。企业在战略决策中，必然需要将地缘政治变量纳入生产函数，建立多极化市场的对冲机制。同时，企业还需要全面拥抱 AI 变局以重构核心竞争力，更需要用复杂适应系统思维替代线性增长模型。

在大量市场剧变的管理实践中，我们可以见证，那些成功穿越周期的企业所使用的战略基本上与安索夫的"权变战略"异曲同工。这些新的案例印证了本书的核心命题 —— 环境越动荡，战略越需要兼具进攻性与防御性的动态平衡。此书典藏版问世之际，正是在剧变的市场环境中思考战略应对的管理者重读安索夫理论的时机。

巴曙松

北京大学汇丰商学院金融学教授

香港大学经管学院金融学实践教授

《北大金融评论》总编辑

真正的力量是理性的力量。安索夫的《战略管理》正是这一理念的完美诠释。商科教育和研究的实质不在于迎合，而在于引领。建立在逻辑推理和实证分析基础上的科学研究范式，能够真正帮助我们建立起对那些穿透时间、具有普适性的商业规律和经济规律的基本认知，让我们避免在同一个地方反复跌倒——这也正是学术研究的真正价值。

安索夫通过严谨的理论框架和实证研究，揭示了战略管理的核心逻辑：企业如何在动态环境中保持竞争力，如何在不确定性中寻找确定性。他的权变理论不仅为企业提供了应对复杂环境的工具，更赋予了管理者一种超越经验主义的思维方式——用理性的力量驾驭变化，用科学的方法定义未来。

刘俏

北京大学光华管理学院院长，金融学教授，博士生导师

我对战略管理的认识是从阅读安索夫的作品开始的。40年前，我通过阅读他的《公司战略》《商业战略》，及后来的《战略管理》，喜欢上了“战略管理”这项专门技艺。《战略管理》这本书之所以经典，是因为经过40多年的时间检验，安索夫的分析框架和分析方法仍然是有用的，书中提到的战略环境的分析、公司战略的选择、战略分析方法的解读（特别是战略经济学的分析）、战略领导和权力要素的理解等，与今日情境的相似度八九不离十。没有公司战略就没有战略管理。到了20世纪80年代前后，安索夫把实践和研究的焦点转到“战略管理”上，更加贯通了从战略分析、战略选择、战略行为、战略方法到战略绩效的全逻辑，为后来的战略管理理论和实践奠定了坚实的基础。也正因如此，他被称为“战略管理之父”或“战略哲学家”。

魏江

浙江大学求是特聘教授

浙江财经大学校长

在中文世界里，战略和管理通常被认定为两件不同的事情。当将两者放置在一起合称“战略管理”时，你或许会急不可待地去看其定义。看完定义，你也未必会有清晰的理解。安索夫的“战略管理”，我认为有两个方面的含义：第一，“战略管理”是一种管理，它将战略规划具体落实到战略实践之中，是静态战略设计转化为动态战略实施的过程，可称之为“战略的管理”；第二，“战略管理”是最高的管理，它居于任何其他的管理之上，具有决定性而非从属性，可称之为“战略性管理”。理解了第一点，就知道“战略管理”做什么；理解了第二点，就知道“战略管理”该以何种高度去做。

陈彩虹

中南财经政法大学特聘教授、博士生导师

中国建设银行原董事会秘书

目　录

总　序

学习管理　感悟管理　演练管理　享受管理

如今，市场上经管类图书可以说是琳琅满目、鱼龙混杂，时髦的名词和概念一浪接一浪滚滚而来，不断从一个新理念转到另一个新理念，传播给大众的管理概念和口号不断翻新，读者的阅读成本和选择成本不断上升。在这个浮躁的时期，出版商有时提供给读者的不再是精神食粮，而是噪声和思维杂质，常常使希望阅读、学习和提升的管理者无所适从，找不到精神归依。任何一门学问，如果割断了与自身历史的联系，就只能成为一个临时的避难所，而不再是一座宏伟的城堡。

针对这种情况，机械工业出版社号召大家回归经典，阅读经典，并以身作则，出版了这套“管理经典丛书”。

第一批将推出泰勒、法约尔和福列特的作品，后续将穿越现代管理丛林，收录巴纳德、马斯洛、西蒙、马奇、安索夫等各种流派的管理大师的作品。同时，将收录少量对管理实践有过重要推动作用的实用管理方法。

作为管理研究战线的一员，我为此而感到高兴，也为受邀给该系列作序而感到荣幸！随着经济全球化和知识经济的到来，知识的更新速度迅速提升，特别地，管理知识更是日新月异、丰富多彩。我们知道，大部分自然科学的原理不会随时间变化而失效，但管理的许多知识与环境和管理情境有关，可能会随着时间和管理情境的变迁而失去价值。于是，人们不禁要问：管理经典系列的出版是否还有现实意义？坦率地讲，许多贴有流行标签的管理理论或方法，可能因时间和环境的变化而失去现实价值，但类似于自然科学和经济学，管理的知识也有其基本原理和经典理论，这些东西并不会随时间的流逝而失效。另外，正是由于管理有许多与情境和人有关的理论、感悟、智慧的结晶、哲学的思考，一些管理知识反倒会随着历史的积淀和经历的丰富而不断发展与深化，绽放出更富历史感、更富真知的光彩。换句话说，不少创造经典的大师可能已经走了，但其思想和智慧还活着！不少浮华的流行概念和观点已经死了，但其背后的经典还闪闪发光！在这套管理经典里，我们可以追本溯源，欣赏到对现代管理有着基础支撑作用的管理思想、智慧和理论。

观察丰富多彩的管理实践，不难发现：有的企业家、管理者忙得焦头烂额，被事务困扰得痛苦不堪，结果事业做得还不好；有的企业家、管理者却显得轻松自如、潇洒飘逸、举重若轻，但事业红红火火、蒸蒸日上。是什么使他们的行为大相径庭，结果有天壤之别？一般的回答是能力差异。我不否认人和人之间的能力有差别，但更想强调能力背后的心态、思维方式和理念，即怎样看待管理，怎样面对问题，怎样定位人生。管理因与人有关，始终处于一种动态的竞争和博弈的环境下，因而永远都是复杂的、富于挑战的活动。要做好管理，成为优秀的企业家和管理者，除了要具备我们经常挂在嘴边的许多素质和技能，我认为最重要的是要具备管理的热情，即首先要热爱管理，将管理视为自己生存和生活不可分割的一部分，愿意体验管理和享受管理。此外，管理永远与问题和挑战相伴。我经常讲，没有一个企业或单位没有问题，管理问题就像海边的礁石，企业运行状况良好时，问题被掩盖了；企业运行状况恶化时，所有的问题就会暴露出来。实际上，涨潮时最容易解决问题，但此时也最容易忽视问题，退潮时问题都出来了，解决问题的最好时机也过去了。面对管理问题，高手似乎总能抓住少数几个关键问题，显得举重若轻，大量小问题也会随着大问题的解决而消失。而菜鸟经常认认真真地面对所有问题，深陷问题网之中，结果耽误了大事。人生的价值在于不断战胜自我，征服一个个管理难题，这实际上不仅是人生的体验，更是对自己能力的检验。若能这样看问题，迎接管理挑战就不再是一种痛苦，而会成为一种愉悦的人生享受。由此，从管理现实中我们能体会到，真正驾驭管理需要对管理知识、艺术、经验和智慧的综合运用。

高水平的管理有点像表演杂技，杂技演员高难度的技艺在常人看来很神奇，但这些令人眼花缭乱的表演实际上是建立在科学规律和演员根据自身特点及能力对其创造性运用之上的。管理的神奇也主要体现在管理者根据自身特点、能力以及组织和环境的情况，对基本管理原理的创造性应用之上。

因为“管理是管理者的生活”，我经常劝告管理者要“享受管理”，而要想真正做到这一点，除了拥有正确的态度和高尚的境界外，管理者还需要领悟管理的真谛；而要真正领悟管理的真谛，管理者就需要学习掌握管理的基本知识和基本技能。当然，管理知识的来源有直接和间接之分，直接知识是通过自己亲身体验领悟而来，这样过程太长；间接知识是通过学习或培训取得，这样过程较短，成效较快——两者相辅相成。

管理知识浩如烟海，管理技术和技能多如牛毛，而且随着时代、环境以及文化的变化而变化，同一种知识和技能的应用还有很强的环境依赖性，这就使管理的学习变得很难把握。许多人不知道看什么样的书，有的人看完书或听完课后的体会是当时明白了，也听懂了，但仍不知道怎样管理！实际上，管理的学习同经济学、自然科学等一样，首先在于掌握基本的思想和方法论。管理面对的是实际的企业、组织和人，一般规律对他们有用，但他们往往也有独特性，这使管理具有科学、艺术、实务、思想等多种属性，所以不能僵化地看待管理知识，在理解和运用管理知识时一定要注意其使用对象的特殊性。其次，管理者手中能够应用的武器有两种：科学的、带有普遍性的技术、方法，以及与人有关的、随情况变化的、涉及心理和行为的具有艺术特色的知识和经验。前者容易通过书本学习，后者则要通过实践或案例教学学习和体会。再次，管理重在明确目标以及其后围绕目标选择最佳或最满意的路径，而完成这一任务除了要拥有高瞻远瞩、运筹帷幄的能力以及丰富的知识和经验外，最基本的是要学会和善用成本效益分析工具。最后，所谓“三人行必有我师”，无论成功与失败，任何管理实践中都蕴含着知识和经验，所以，对管理来说，处处留心皆学问。若管理者要增加自己的管理知识并丰富自己的管理经验，就要善于观察组织及人的行为和实践活动，勤于思考和提炼，日积月累。

有人形象地比喻，管理类似于下棋，基本的管理知识类似于对弈的基本规则，各种管理技能和成功的管理实践类似于人们总结出的各种棋谱，实际的管理则由这些基本规则、各种棋谱演变出更加丰富多彩、变幻莫测的局势。水平接近者的比赛，赛前谁都难以确定局势的变化和输赢的结果。类似地，管理的学习始于基本知识和基本技能，而要演化出神奇的管理实践需要在此基础上去感悟、去享受！

实际上，管理活动本身犹如一匹烈马或一架难以控制的飞机，要想驰向发展的愿景或飞向辉煌的未来，不仅要享受奔驰中飘逸的快感或飞翔时鸟瞰世界的心旷神怡，还要享受成功后的收获，因此，必须设法“驾驭”好管理。

我陪人练习驾车时曾深有体会地告诉驾驶者：开车的最高境界是用心，而不是用身体，要把车当作你身体功能的一种延伸，使车与你融为一体，然后在你心神的指挥下，心到车到。“管理”这匹烈马或这架复杂难控的飞机何尝不是如此，它也是人类、领导者、管理者的功能的一种延伸、一种放大器，而要真正享受它带来的感受并使它发挥功效，必须娴熟且到位地驾驭它。面对种种复杂的管理，更需要用心驾驭。

在这里，我没有对丛书本身给予太多介绍，只重点谈了如何学习管理，提升管理水平，最后达到享受管理。这是因为，大师的伟大、经典的重要均无须介绍，而我们面对的经典内容如此丰富多彩，再美的语言也难以精确刻画，只有靠读者自己去学习、去感悟、去思考、去探寻其中的真谛和智慧，我只是提供了我自认为可以研究和实践管理的途径，希望这些文字有助于读者对管理的阅读、理解和思考！

席酉民

西交利物浦大学执行校长

译者序

伊戈尔·安索夫及其学术成就介绍

1936年9月的一个清晨，一艘从列宁格勒出发的载着十几名乘客的小型货轮，摇摇晃晃地行驶在因为季节性洋流而上下颠簸的大西洋上，它要从苏联出发，去往美国。乘客中有一名18岁的少年，这是他第一次离开家乡，离开他生长的地方，但彼时的他还不知道，这注定将是改变他一生的旅程。这位少年，就是被后世称为战略管理鼻祖的伊戈尔·安索夫。

伊戈尔·安索夫，1918年出生于苏联远东的符拉迪沃斯托克（海参崴），他的父亲是一名美国人，曾在苏联担任美国大使馆的翻译和会计，而他的母亲则是地道的俄罗斯人。那时的苏联正处在革命的余波和内战的阴影之下。安索夫的父亲——一名美国公民和母亲——一个有着“资本家”背景的俄罗斯人，他们的结合使得这个家庭在苏联社会中处于一种微妙的地位，难以完全融入苏联的社会主义体系。

1933年，由于美国与苏联重新建立外交关系，安索夫的父亲渴望回到美国，而他的母亲则犹豫不决，她从未离开过苏联，也不会说英语。安索夫在18岁时投下了决定性的一票，他支持父亲，并说服了母亲，决定前往美国。年轻的安索夫带着对资本主义的质疑和对美国文化的好奇，开始了他的冒险。他不知道，这段旅程将如何塑造他的思想，也不知道他将在这个陌生的国度留下怎样的印记。但有一点可以肯定，这位少年即将踏上的，是一条充满挑战和发现的道路。

到美国后，年轻的伊戈尔·安索夫通过不懈的努力，在史蒂文斯理工学院——当时美国顶尖且费用昂贵的工程学院之一——靠奖学金获得了机械工程硕士学位。1946 年，他继续到布朗大学深造，攻读应用数学博士学位。随着第二次世界大战的结束，安索夫凭借其独特的背景、能力和技能，获得了从事专业战略研究的机会。

1950 年，安索夫加入了美国军方的智囊机构——兰德基金会，参与美国军事战略的制定和规划。在兰德基金会工作期间，他的日常工作包括搜集情报、分析数据和制定战略，这些经历为他后来建立自己的战略理论打下了坚实的基础。1956 年，安索夫加入了著名的洛克希德·马丁公司。作为公司的战略策划师，他不仅研究并实施了洛克希德的产业多元化战略，还根据新业务需求，领导了一次重大的组织架构重组，将 17 个高科技部门精简为 3 个战略业务体，并为每个战略业务领域制定了战略计划。也就是在这一时期，安索夫认识到，作为一个变革的推动者，要想成功解决重要的管理问题，就需要同时考虑影响解决方案的所有变量：认知、逻辑、心理、社会学和政治，而这些都是战略制定的必备能力和信息要素。

1963 年，45 岁的安索夫进入学术研究领域，担任卡内基梅隆大学经营管理研究生院的教授，从事专业的战略管理研究、教学和咨询工作。这使得安索夫有充分的时间和精力总结自己的战略实务经验。得益于他独特的成长历程、多学科背景和丰富的职业经历，安索夫提出了一个全面、多维度的战略管理框架，为他后来在战略管理领域创造卓越成就奠定了基础。其中，1965 年出版的《公司战略》一书是安索夫的代表作，也是他的开山之作，包含了安索夫战略理论中重要的基本假设和定理。

但是，真正标志现代战略管理理论体系形成的是他在 1979 年出版的《战略管理》一书。

在《战略管理》的导言中，安索夫开宗明义地指出了本书的定位："我们探讨复杂组织在动荡环境中的行为。"若说 1965 年出版的《公司战略》主要阐述公司战略的概念和操作方法，那么 14 年后的《战略管理》则是对在高度动荡的环境下，复杂组织如何做出战略管理和应对进行了全面研究。

战略管理的定义

在安索夫自传式文章《我的知识探索历程》中，他回忆起对其产生了深远影响的彼得·德鲁克的一句话。德鲁克认为："管理的终极关怀分为两部分，第一是确保企业做正确的事，第二是确保企业用正确的方式做正确的事。"受此启发，安索夫将第一部分**"做正确的事"定义为战略管理**。做正确的事是指通过确保公司在有潜力实现其目标的市场上开展业务，提供这些市场需要的产品和服务，并以具有竞争优势的方式来实现公司未来的盈利潜力。安索夫将德鲁克所说的**"正确地做事"称为经营管理**，这涉及利用盈利潜力，通过高效地生产、分销和市场营销战略管理公司所生产的产品和服务，以优化公司的盈利能力。

从战略管理的总体角度来看，战略规划是开发企业利润潜力的整个过程的一个组成部分。它的作用在于通过分析过程，选择"正确的事情"。但是，经验表明，选择了"正确的事情"并不能保证企业一定能做成。因此，安索夫利用系统的研究方法，确定其他与战略规划配套的活动，以确保战略得以实施。这便是战略管理理论的开端，也是本书所要探讨的内容。

在探讨战略管理的主体时，为了便于对战略管理理论进行研究，在本书中，安索夫引入了环境服务型组织（ESO）的主体概念，不仅涵盖了传统的工商企业，也包括了非营利组织和政府机构，这种广义的组织定义，为我们理解和应用战略管理提供了新的视角，使得战略管理的理论更加全面和适用。

从时间维度来看，企业层面的战略管理本质上是一种管理哲学：从战略意义上去管理企业。这一理解并不排斥短期的战略规划，但更强调的是一种长远的战略意识，即运用战略性思维来指导实践。正如约翰·W. 蒂兹所说："战略制定者的任务不在于看清企业目前是什么样子，而在于看清企业将来会成为什么样子。"环境服务型组织需要战略定力，需要组织领军人物静下心来，观海听涛，深入探讨那些决定组织命运的核心的、长远的和不变的要素，从战略的高度来把握组织的根基和未来发展。《战略管理》所构建的方法论是经过检验的，是适用于当下环境的参考工具。

阅读指南

我们希望为读者准备一份《战略管理》阅读指南，对一些贯穿全书的核心概念进行初步的解释。其中，本书最重要的概念之一，就是第五章中提到的"环境动荡模型"，它为企业管理动荡环境提供了行之有效的战略管理工具，后来这一理论也被称为"战略管理的权变方法"。安索夫将 5 种不同程度的环境动荡，以 5 个等级进行分类表示：

（1）稳定性动荡：大多数变化是完全可以预计的，组织可以根据熟悉的经验开展重复行动。

(2) 反应性动荡：变化是缓慢的，组织可以根据过去的经验进行渐进式的改变。

(3) 预测性动荡：变化在逐渐加快但仍然是渐变的，组织可以从过去的经验中预测和识别新的选择及可能性。

(4) 探索性动荡：部分变化是不连续的，组织可以根据重新组合熟悉的经验来创造新的解决方案。

(5) 创造性动荡：变化是全新的、不连续的，组织需要做出全新的选择。

针对不同等级的环境动荡问题，安索夫从战略推力、组织开放性、总体胜任能力、战略文化等不同维度分析了环境动荡对组织的影响，以及组织在不同等级动荡中的战略选择。

环境动荡性理论，作为战略管理的核心理念之一，其实也是时代的产物。1973 年，石油输出国组织（OPEC）的成员国限制了石油供应，导致油价飙升，对商业世界造成了巨大冲击。正是在这一年，管理者们深刻地意识到，成功的商业战略不仅仅是组织内部准确预测的问题，也不是熟练掌握线性规划技术进行投入产出分析和生产计划的问题。传统的预算、战略适应和计划已不再适应时代的需求，它们只是战略管理的众多方法和手段之一，而不是战略管理本身。战略管理的根本性在于应对动荡的环境。

所有这些因素都促使安索夫教授做出了他的进一步思考。他认识到，虽然变化影响到每一个组织，但变化的速度和不确定性的程度却不尽相同。有些组织处于高度动荡的环境中，而其他组织则面临相对稳定的条件。这种思维的突破性在于认识到：最合适的战略制定和决策过程将取决于环境动荡的程度。

本书引入了很多跨学科的理论，涉及从哲学、逻辑学、数学、物理学、心理学、经济学、复杂性科学到企业管理等领域。无论是在学科的广度上，还是在内容的深度上，《战略管理》一书都达到了学术难度的高峰，所以语言难免有些晦涩。甚至连安索夫自己在本书的最后都说："朋友们，恭喜你坚持读完了这本书，我想向你们的耐心致敬！"

如何阅读这本书？对于那些肩负企业领导责任或致力于战略管理研究的专业人士而言，阅读此书需要读者做出认真的承诺，利用深度工作的时间和环境，深入细致地研读这本经典著作，挖掘每个概念和理论背后的深层含义。我们建议读者们可以参照安索夫在本书末尾的指导，用画图的方式将书中的概念进行串联，将抽象的概念具象化，将复杂的理论结构化，从而加深对战略管理理论框架的理解，将所学的内容"内化于心"，运用到自己的商业场景和案例中。

战略选择——11 250 种可能性

一本 20 世纪 70 年代出版的书为何仍然能够为我们提供宝贵的参考？我们认为，最关键的一点在于，《战略管理》在当下为我们提供了一套系统化的环境分析与战略应对的判断方法。

安索夫教授通过 ESO 的行为模型向我们展示了一套复杂的多维度分析框架，其中包括五种典型环境、五种战略推力、五种不同的组织文化、五种能力、三种权力结构、三种战略行为模式和两种战略领导力——它们合并起来总共有 11 250 种可能性！书中多样性的组合和判断，就像是一个多维度的棱镜，将战略管理的复杂性拆分成可理解的单元。同时，在人工智能时代，这种多维度的分析框架为我们提供了一种处理复杂问题时的结构化的思考方式。它类似于人工智能中的决策树模型，通过模拟人类大脑的决策过程来处理和分析大量的数据和信息。

应用安索夫教授提出的多维度分析框架，不仅能够帮助组织更好地理解和预测商业环境中的不确定性，还能够促进人工智能在战略规划和决策支持系统中的应用。通过将战略管理的复杂问题分解为更小、更易管理的部分，覆盖不同的业务条线，组织可以更精确地识别关键变量，评估它们之间的相互作用，并做出有效的战略响应。

在人工智能技术的浪潮席卷全球的今天，安索夫的战略管理理论为我们提供了一套基本的分析工具，帮助我们理解企业如何借助人工智能的力量实现有效的战略管理。这不仅是对理论的传承及对实践的深刻启示，而且在现代化的应用场景中，不落伍、不退步，体现了安索夫理论的远见和时代意义。

译者作出的努力

想与读者朋友们分享《三体》英文版译者序中的一段话："最好的英文翻译并不会让人觉得它们原本就是用英文写作的。英语单词被巧妙地排列，使读者能够隐约领略到另一种文化的思维方式，听到另一种语言的韵律和节奏，并感受到另外一个民族的身体语言和情感波动。"（The best translations into English do not, in fact, read as if they were originally written in English. The English words are arranged in such a way that the reader sees a glimpse of another culture's patterns of thinking, hears an echo of another language's rhythms and cadences, and feels a tremor of another people's gestures and movements.）

这是《三体》的英文译者刘宇昆（Ken Liu）对翻译过程中表达转换的认识，这种忠实于原文的风格和态度也是我们所学习的。安索夫的学术尝试是开创性的，其中引入了很多跨学科的理论。同时，本书也创造和涵盖了许多新颖的专业术语和定理，内容深刻且密集，作者一直试图使用较少（抽象）的文字传达大量（具体）的信息。对此，我们在翻译过程中深感挑战，遇到了很多表达难点，但我们仍力求不改写，也不过度诠释作者的观点，而是学习《三体》的英文译者刘宇昆，原汁原味地呈现本书的内容。

但由于译者知识、经验所限，这本书又是跨文化、跨学科的战略理论和实践的精华总结，我们向读者呈现的作品难免还会出现翻译的纰漏，还望读者海涵并斧正。

致谢

我们要特别感谢邵冲教授在2010年首次将这本战略管理领域的奠基之作引入中国时所做出的努力。他在初版翻译中面对的挑战和困难无疑比我们今天所经历的要大得多。他的工作为后续的翻译和研究工作提供了宝贵的经验和启发。我们在此向邵冲教授表示特别的敬意和感谢。

感谢机械工业出版社的编辑许若茜和孙雨涵，在这本书与读者见面之前的辛勤审阅和细致把关——大到对书稿的整体结构，小到对词语的使用。正是编辑与译者的通力合作，才使这部作品得以更好地呈现。

我们也要对陈东升、吕明方、韦青、巴曙松、刘俏、魏江、陈彩虹等好友表达深深的感谢，他们为《战略管理》撰写的精彩推荐语，有力地诠释了本书的内容。他们诚挚地推荐，并慷慨地与读者分享了他们的阅读感受。读完这本书后，我们建议你再阅读一次推荐语，这些简洁而深刻的读后感不仅会引导你进一步思考和回顾本书内容，同时也能极大地丰富你的阅读收获。

我们衷心希望，本书能启迪那些渴望学习和进步的战略领导者、知识工作者，帮助他们提升专业能力。我们期望以高质量的知识奉献为润滑剂，为推动中国经济高质量发展贡献一份力量。我们也希望你会毫不吝啬地向你的朋友推荐这本书。

吴卫军　高　羽

2024 年 12 月 2 日

序

战略管理之父

就在2002年7月14日法国大革命纪念日这一天，为公司战略和战略管理两大学科做出了革命性贡献的伊戈尔·安索夫（Igor Ansoff）博士去世了，享年83岁，这是具有象征意义的。首先，他以首次出版于1965年的开创性著作《公司战略》[⊖]而闻名于世。其次，他又于1979年出版了另一部具有划时代意义的著作《战略管理》，并因此赢得了“战略管理之父”的赞誉，名满天下。

安索夫的思想演进历程

如图0-1所示，安索夫博士的著作可以从横向和纵向两方面进行分析研究，这些著作无疑都具有“里程碑”式的意义。

一是横向分析，主要研究其著作涉及的学科范围：从公司战略/战略规划到战略管理。值得一提的是，公司战略/战略规划的内容是战略管理的组成要素，前者包含在后者之中。

二是纵向分析，表示著作内容的研究方向和重点：从深奥复杂的概念研究到强调理论在企业实践中的应用研究。

⊖ 修订本于1988年出版时将书名改为《新公司战略》。

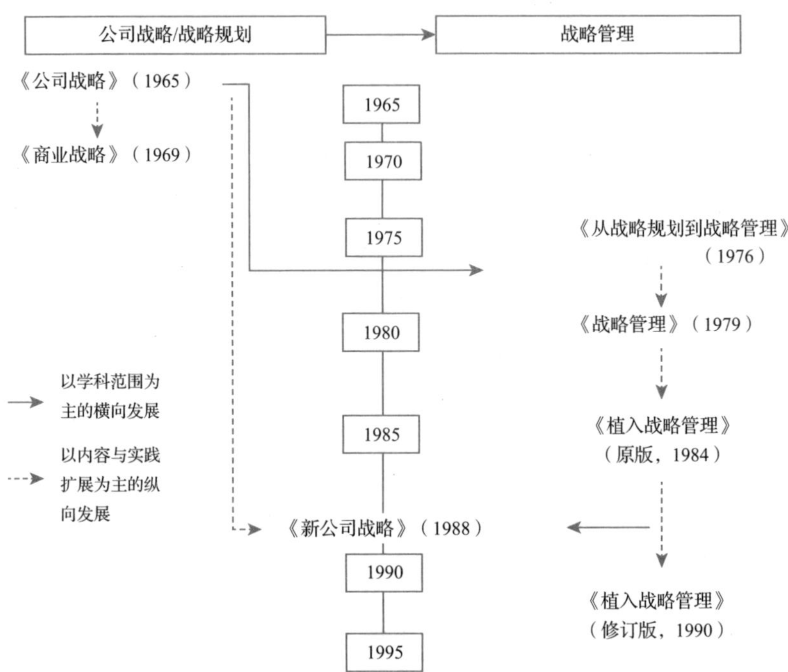

图 0-1 安索夫博士的著作：学科与主要作品

我为读者提供了“安索夫山脉”的全景视图，用以呈现安索夫博士的伟大著作，如图 0-2 所示。

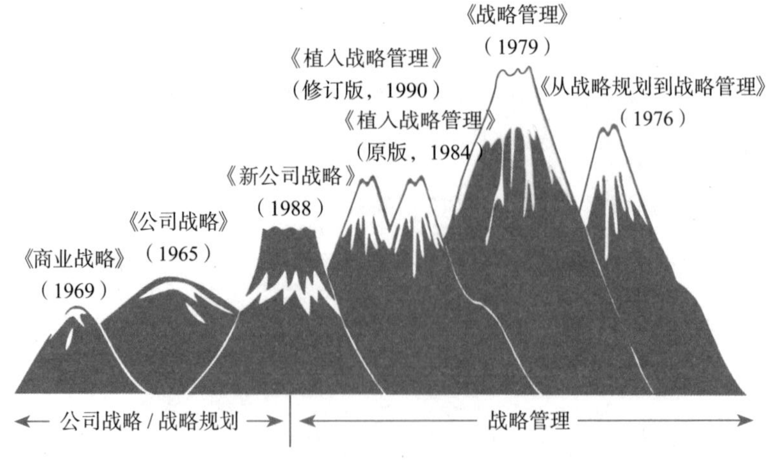

图 0-2 安索夫山脉：安索夫博士著作轮廓

注：每座山峰的高度是我个人对每个概念框架的抽象 / 复杂程度的看法。

大卫·赫西教授的文章

在讨论安索夫博士对战略管理学科的伟大贡献时，我们必然要提到大卫·赫西（David Hussey）教授的论文《伊戈尔·安索夫对战略管理的长远贡献》[㊀]。这篇论文阐述了作者对安索夫博士学术著作及个人品质的深刻理解。据我所知，没有任何文献能像这篇文章一样全面展示安索夫博士所做的开创性工作，也没有任何文献能像这篇文章一样巧妙地将安索夫博士的理论贡献融入商业管理的广阔背景之下。因此，我将尽量只探讨赫西教授在其论文中没有提到的三点内容。

《战略管理》方法上的三个显著特征

以当代视角来看，安索夫博士的“战略管理”的方法具有以下三个显著特征：

（1）**具有深远影响并拥有更加广泛的全球化视角**。安索夫博士与生俱来的天赋，加上他在欧洲和美国的实践工作和学术经历，使他的研究视野更为深远和全球化，他没有狭隘地把眼光局限于美国，而是高瞻远瞩，对包括欧洲在内的全球组织进行考察。赫西在其论文中从不同角度详细阐述了这一观点。

（2）**假设–验证法**。安索夫博士在书中使用了假设–验证法，它是安索夫跨学科研究方法的基础。在过去25年以及当前的商业实践中，这些假设需要在以下两个方面进行验证。首先，如图0-1所示，《战略管理》提供了安索夫博士的理论框架。在圣迭戈的阿兰特国际大

㊀ Hussey D, ‘Dr Ansoff’s Continuing Contribution to Strategic Management’, *Journal of Strategic Change*, Vol.8,No.7，November 1999，pp.375-392(1999) .

学（即前美国国际大学），学者们通过参与由安索夫博士及其继任者们指导的实证研究，在他们撰写的专题论文中广泛深入地证明了这一理论。其次，安索夫博士提出的概念框架中的大部分构成要素，已经在实际的商业活动和企业环境中得到充分验证，部分验证来自有代表性的公司（在此不考虑企业所在国、规模及业务性质）的基础研究成果，部分验证则来自读者的经验知识。

（3）**跨学科研究方法。**安索夫博士的经历还使他发展出跨学科的研究方法。其研究范围广泛，总的来说，涉及从自然科学到社会科学，从哲学、逻辑学、数学、物理学、心理学、经济学到复杂企业管理等各种领域。

一位人文主义者和科学家

为配合 1980 年《战略管理》日文版的出版，我担任了由三个组织联合主办的“1981 年日本高层经理安索夫战略管理研讨会”的主持人。以下是我们在研讨会开始之前第一次见面的对话：

伊戈尔·安索夫：“噢，你就是中村元一教授。元一，你怎么会这么聪明，能翻译出这种连原作者都看不懂的书呢？”

中村元一：“谢谢你，伊戈尔。这大概是我比你要笨的缘故吧。”

从这第一次玩笑中，我们觉得彼此触及了对方的心扉。因此，安索夫和我的友谊从这次见面时就开始了。

从 20 世纪 80 年代到 90 年代的二十年间，这种情形多次出现，它们让人觉得安索夫不仅是一位伟大的科学家，还是一位人文主义者，是富有幽默感的“有血有肉的人”。

给读者的建议

《战略管理》是“安索夫山脉”的最高峰，它高耸入云，超越诸峰。刚开始“攀登”时，读者可能会感到困难，甚至厌倦。但是，在几经尝试之后，我相信他们会发现努力换回来的是无尽的乐趣与回报。

祝愿各位读者“登山成功”！

中村元一
日本战略经营协会会长
松荫大学工商管理研究生院院长、教授
帝京科学大学荣誉退休教授

STRATEGIC
MANAGEMENT

安索夫与《战略管理》

——在哲学家墓碑前的思考

里克·安索夫，美国阿兰特国际大学助理教授本文为纪念大卫·赫西而创作。

摘要

战略管理是创始人伊戈尔·安索夫在其生活与工作中创建和发展的。安索夫的贡献在于他对后现代派的某些观点的反驳，这些观点认为社会科学无法提供系统性和持久的知识，并且反对将这些知识系统有效地应用于组织管理实践。研究表明，后现代派的批评实际上是哲学怀疑主义的表现。最后，文章论述了战略管理依赖于控制论的理念，这些理念对于复杂和动态系统的成功运行至关重要。

艾尔弗雷德·诺思·怀特海（Alfred North Whitehead）曾说："一切皆始于哲学，也终于哲学。"我们或许可以补充一点，哲学的历史在许多方面可以看作两种截然不同类型的理论家之间的长期斗争史。持系统理论观点的哲学家寻求永恒的知识原理，并以此为基础，探索更好地理解和管理世界的方法。与这种观点相对立的是不同程度的哲学怀疑论者，他们认为世界的本质是不可控制的，因而其中的知识和经验也是短暂的、瞬间即逝的，并且总是依赖于特定的时间、背景和文化环境。

对上述两种观点的了解有助于我们更好地欣赏那些伟大的哲学家们的思想精华。例如，笛卡儿（Descartes）（1644/1985）宣称"我思故我在"，或康德（Kant）（1781/1943）援引辩证法推理（比如，坚持将某物认为是"热"的，必然意味着对"冷"的先验理解）。而如今的人们

普遍会将这种思考视为哲学家们对无用之事的琐碎冥思。㊀

然而，这些基础真理并不是为了打发时间而做出的思考。在某种程度上，它们是对概念的探索，这些概念应该是可靠的，哪怕最固执的怀疑论者也无法对其进行指责。可以说，这些基本真理是对从公元前5世纪的智者派㊁（Kolenda，1990）到当代的解构主义者和社会建构主义者（Derrida，1972；Gergen，1994）的有力回击。这些学派认为人类无法获取基本真理，也无法根据它们而更好地理解并系统地管理这个世界，更不用说商业企业了！对后现代怀疑论者来说，在我们生活的世界里，根本没有永恒的真理。按照这一观点，我们所看到的世界实际上并不是它的真实面目，而是它在特定时刻被诠释的样子，由我们的感官所感知和构建，因而不可避免地受到个人经历的影响（Culler，1982）。文化的多样性、个体经历与感知的差异性，以及两者随时间推移而发生的变化，导致用于描述这个世界的范畴和概念的定义也随之不断变化，所以，这些范畴和概念并不是真实存在的，而只是文化的产物，它们总是可以被改变、重新解释，甚至于更强烈地解

㊀ 除关注哲学怀疑论之外，康德、笛卡儿、休谟（Hume）、洛克（Locke）等人还对理性主义和经验主义的不同之处，以及它们关于了解个体知觉能力的观点感兴趣。人们常说，经验主义认为所有的知识都来源于感官，而理性主义则认为缜密的理性思维才是认识世界的关键。这种说法是错误的，理性主义学派的先驱康德在《纯粹理性批判》（1741/1934）的卷首语中说："毫无疑问，我们所有的知识都是从经验开始的。"总的来说，经验主义者和理性主义者都承认感性经验是我们认知世界的关键。但是，理性主义者进一步指出这种解释还不充分，因为经验本身并不能解释我们如何从生命初期，只能感觉光线对视网膜的刺激，发展到具有感知一张脸、一张桌子和一把椅子等不同事物的能力——更无法解释我们如何能形成不同文化。因此，理性主义者认为，每个人都具有组织感性经验的先天能力，这种能力是存在于经验之外的。梅尔佐夫（Meltzoff）和摩尔（Moore）（1977）在研究中发现，婴儿在出生后几小时就能准确地感知和模仿简单的成人手势。对于那些坚持认为我们对世界及自身的认识是经由文化与社会加工的感性经验决定的人来说，这项研究结论也许会让他们觉得不安。

㊁ Sophists，古希腊哲学流派之一，他们对自然哲学持怀疑态度，认为世界上无永恒不变的真理。——译者注

构。这个过程可以在不知不觉中发生。例如在管理学领域，明茨伯格（Mintzberg）（1988）对战略的概念提出质疑："人类的本能驱使我们坚持为各种概念进行定义。但也许我们在自欺欺人，假装'战略'这样的概念可以被归结为一个简单的定义。而事实上，战略这个词在不同情况下却有不同的含义。"

可是，如果像"战略"这样的术语尚且无法明确定义的话，那么要用这类概念来对更复杂庞大的体系进行解释就更难以想象了，比如战略管理理论某些方面的内容。但是管理学怀疑论者并没有就此止步（Sandberg，2001）。根据哲学怀疑论的观点，任何被当作理论基础或人们行为依据的概念，都不过是叙述性的人工产物，最多只适用于它们被创造出来的特定文化、背景和时间。[㊀]此外，所有这些叙述都只是故事，不可能有事实基础。就像舍斯特兰德（Sjostrand）（1997）所说："某些学者认为虚构叙事和事实叙事之间并无区别。"然而，在没有客观基础来判断一个叙述比另一个叙述更真实或更虚假时，所有故事都是平等的。不然我们也不会理解为什么要费心收集这些故事了。换句话说，在这种冷漠哲学的指导下，对这个世界的所有解释的价值都是相同的，没有客观方法可以确定哪种观点更为精确。总之，你可以对这个世界发表任何看法，因为一切皆有可能。社会建构主义者还没有为我们提供任何方法，让我们可以获得超越当下观点的认识（Ansoff，

㊀ 在后现代思潮的影响下，我们没有合适的理由去相信，一个故事或叙述能在不同的文化或环境中普遍适用。因为这种做法忽略了文化内部的多样性和个体随时间变化而带来的解释差异。(尤其是在美国这样一个多元化的国家，拥有超过 2.5 亿名背景各异的个体，每个人都可能拥有独特的经历和感知)。换句话说，对于一个诚实的哲学怀疑论者来说，没有合适的理由认为，在圣迭戈的斯克里普斯牧场形成的战略观念或战略管理理论，能够直接适用于圣路易斯当前或未来一周的任何文化，甚至连相邻街区的文化都不一定适用。正如贝克莱所深刻认识到的，一旦哲学上的怀疑主义跨过门槛，它就会占领整个思想的大厦。

1996；Harré，2002）。无论如何，葛根（Gergen）（1994）一语道破了这种后现代怀疑论者观点的影响及其在社会科学知识和理论中的“应用”：“正如解构主义者所努力证明的那样，当我们仔细审视那些看似清晰、精确和令人信服的理论时，它们的逻辑结构往往会崩溃，表达的意思也会变得含混不清。”

这种解构过程打着丰富文化内涵的幌子，对过时陈旧的科学观点提出异议（Sandberg，2001），但是它并没有促进理解，反而引来了无休止的反驳。最后，我们也不清楚社会建构主义者及其解构理论何以比其他方法更受青睐。葛根（1994）认为，它们“没有根据，没有站得住脚的合理逻辑，与其他观点理论相比也不具有任何竞争优势”。事实上，现代管理层如何努力解构商业世界才是真正令人感兴趣的问题。

挑战制度和改变文化

安索夫在早年生活中经历了许多复杂的动荡变化，因此，如果他成为管理哲学怀疑论者也不足为奇。但或许因为他受过自然科学的训练，并有作为管理者的实践经验，安索夫摒弃了怀疑论者的观点，他主张用系统化的方法解决问题。于他而言，变化与复杂性并不是用来恐惧的，而是用来征服的。

1918年，安索夫出生于苏联的符拉迪沃斯托克（海参崴）。他目睹了20世纪一场伟大革命的到来。1924年，为了维持生计，安索夫一家迁居莫斯科。因为他们在图拉曾拥有一家小型俄式茶具厂，因此备受当时政府的怀疑。这种怀疑态度对安索夫产生了很大的影响。首先，他断然拒绝成为罗姆·哈勒（Rom Harre）所说的文化傀儡[㊀]，不愿被动接受来自周围文化的束缚。其次，这使他具有更彻底的革命精神，即拒绝盲目服从任何制度，并对任何自称完善的制度持坚定的怀疑态度。安索夫认为：

我完全无法接受那些支配我学习、生活及工作的制度。这让我充满了要超越制度，让制度认可并奖励我的冲动。这种冲动也促使我勇于挑战现存制度的文化，并不断寻求创新变革（Ansoff，1992）。

当时，新的苏维埃国家需要高技能的劳动力。聪颖的安索夫很快成为一名优秀学生和少年先锋队队员，1936 年，在美苏关系短暂的友好时期，安索夫家族抓住机会离开了苏联，来到美国。安索夫的抱负与才干在这里得以施展。在纽约，他用一年时间读完了中学。安索夫能讲俄语、德语和不流利的英语。语言及文化的差异并没有给安索夫带来不可逾越的理解障碍，使其成为后现代的自我主义者及怀疑论者。他重视并尊重不同文化，以批判的态度吸收各种文化的精华。

1948 年，安索夫在史蒂文斯理工学院获得了机械工程硕士学位，并在布朗大学获得了应用数学博士学位。最终，他进入洛克希德·马丁公司担任管理工作。在此，他负责领导多样化的工作小组。作为管理者，他对经营状况欠佳的工程分部进行了整改，使其扭亏为盈。随后，安索夫进入学术界。1969 年，他创建了范德比尔特大学管理研究生院。他不顾重重阻力，坚持面向国际办学。他还通过研究证明，利用战略规划进行多元化经营的公司，要比那些依靠临时性方法管理的公司表现得更好。结合其在该领域作为管理者的成功经验，这项研究使安索夫相信公司的系统化管理是公司成功的关键（Ansoff，1992）。

㊀ 杰出的科学哲学家和良师益友罗姆·哈勒在乔治敦大学的许多谈话中发明了“文化傀儡”一词，目的在于强调其推理心理学允许在大文化背景下存在不同的个体行为。

从 1983 年起，除在美国国际大学商学院担任杰出教授 17 年外，安索夫还担任世界各地许多大中型公司的顾问，并得到高度认可。

必要的多样性和复杂动态系统的管理

关于安索夫思想的全面阐述可参阅《植入战略管理》（Ansoff，1984）一书。该领域的专家们也已经对战略管理及其历史地位做出了全面的评价。本文的主要目的是研究安索夫著作中的一些关键概念，让更多读者受益。

战略管理理论在很大程度上依赖于从控制论和复杂动态系统管理中所获取的思想，特别是安索夫（1984）对 W. 罗斯·阿什比（W. Ross Ashby，1957）提出的必要多样性原则理论做出的修改。简而言之，要有效地控制任何系统的输出，就必须使系统的控制机制数量与系统中必须考虑的因素数量相对应。阿什比以摄影为例，指出新闻摄影师每张照片的拍摄效果都取决于对距离、光线等许多变量的控制是否得当。在不断变化的环境下，如果使用预先设置固定光线距离的相机进行拍摄，就很难获得理想效果。要拍出好的照片，相机必须提供多种功能的控制设置。环境变化越大，相机所需的调节设置也越多。最佳的相机功能设置应取决于拍摄照片时所处的特定的环境条件。

凭借其能适应不同环境的必要多样性原则，战略管理也被称为一种权变理论（Ansoff，1984）。这种理论认为，组织的成功，尤其是工商企业的成功，不能只依靠某种单一的、静态的理论或方法，而应根据权变理论，综合考虑组织目前所处环境的复杂程度及其可能发生的变化，然后采取相应措施。要确保最佳表现，随着这些环境复杂程度的变化，组织的计划及实施方针也必须随之调整。此外，由于运营环境的动态很可能随着时间的推移而变化，因此，组织必须不惜一切代价避免盲目依赖过去曾为组织带来成功的战略，因为这些战略并不能确保组织在未来同样获得成功。相反，组织要主动积极地监测环境变化，并准确评估其动荡水平，即环境的变化频率和类型（Ansoff, 1992）。有了这些不断更新的信息流，理想情况下，管理者就能制定并实施针对特定动荡水平而设计的适当计划和程序。如果这些计划和程序与环境中的实际条件相匹配，组织将会获得更大的成功；如果不匹配，组织的成功概率将会降低。安索夫将此称为战略成功的假设。

因此，在战略管理理论中，成功的组织是动态的。组织的内部配置随其所处环境的变化而变化。最佳配置将取决于一系列不断变化的因素，包括提供的产品与服务种类、淘汰时间的长短、竞争的强弱。例如，在今天，一家成功的个人电脑公司和成功的自来水公司很可能会呈现出完全不同的制度特征。当然，这种情况未来可能会发生变化。

随着时间的推移，世界似乎日益复杂和变幻莫测，这或许使得一些人渴望回归简单和哲学上的怀疑主义。但安索夫却不以为然，他沉醉于各种复杂性间的微妙差别，通过他的战略管理哲学，全球的组织都可以采用一种动态的分析和控制方法，这使世界变得更加易于管理。

作者按语

里克・安索夫是阿兰特国际大学教育研究生院心理学和统计学助理教授，该校位于美国加利福尼亚州圣迭戈市。他出版和发表的论文涉及心理学和科学哲学的多个领域。他的联系方式是：profansoff@yahoo.com。

参考文献

Ansoff, H. I. (1984) *Implanting Strategic Management*. Englewood Cliffs, NJ: Prentice Hall.

Ansoff, H. I. (1992) 'A Profile in Intellectual Growth', in A. G. Bedeian (ed.), *Management Laureates: A Collection of Autobiographical Essays*. Greenwich, CT: JAI press.

Ansoff, R. (1996) 'How Can there Be Personal Agency without an Ontology of the Individual?', *Theory and Psychology*, 6, 539–44.

Ashby, W. R. (1957) *An Introduction to Cybernetics*. London: Chapman & Hall.

Culler, J. (1982) *On Deconstruction*. Ithaca, NY: Cornell University Press.

Derrida, J. (1972) *La Dissemination*. Paris: Editions du Seuil.

Descartes, R. (1644/1985) 'Principles of Philosophy', in J. Cottingham, R. Stoothoff and D. Murdoch (eds), *The Philosophical Writings of Descartes* (Vol. 1). New York: Cambridge University Press, pp. 177–292.

Gergen, K. J. (1994) *Realities and Relationships: Soundings in Social Construction*. Cambridge, MA: Harvard University Press.

Harré, R. (2002) 'Public Sources of Personal Mind: Social Constructionism in Context', *Theory and Psychology*, 12, 611–24.

Kant, I. (1781/1943) *Critique of Pure Reason*. New York: Wiley.

Kolenda, K. (1990) *Philosophy's Journey*. Prospect Heights, IL: Waveland Press.

Meltzoff, A. N. and Moore, M. K. (1977) 'Imitation of Facial and Manual Gestures by Human Neonates', *Science*, 198, 75–8.

Mintzberg, H. (1988). 'Opening up the Definition of Strategy', in J. B. Quinn, et al. (eds), *The Strategy Process: Concepts, Contexts and Cases*. Inglewood Cliffs, NJ.: Prentice Hall, 13–20.

Sandberg, J. (2001) 'The Constructions of Social Constructionism', in S. E. Sjostrand, J. Sandberg, and Mats Tyrstrup (eds), *Invisible Management: The Social Construction of Leadership*. Padstow, Cornwall: TJ International, 28–48.

Sjostrand, S. E. (1997) *The Two Faces of Management: The Janus Factor*. New York: International Thompson Business Press.

STRATEGIC
MANAGEMENT

第一章

导　言

“如果一个人把在他专注的领域管用的方法生搬硬套地应用于更复杂的情形中，并据此做出广泛判断，这只会变成教科书式的失败案例法……在此，我们看到了一种死认成功经验、不顾现实变化的反经验教条主义的典型例证。”

“……思想和实践的相互作用是至高无上的真理。”

——艾尔弗雷德·诺思·怀特海

研究现状

在本书中，我们探讨复杂组织在动荡环境中的行为。当前对这种组织的研究分为两派：一派研究实用技术，为组织应该如何行动提供解决方案；另一派则注重理论探讨，描述组织为什么和如何做出行动。两派的研究范围和内容都给人留下深刻印象，但从一线管理者的角度来看，仍然存在比较大的知识差距。

在理论与实际应用技术之间，最主要的隔阂是它们之间仅有非常模糊的联系。因此，前者对后者的发展所提供的指导作用微乎其微。技术进步要么来自实践经验的总结，要么来自全新的发明。每当新方法出现时，我们没有先验测试的基础去检验其有效性，也无法确定其适用的界限。结果是，技术只能在反复的试错中不断地改进完善。

每当人们将新技术应用于根本不适宜的环境时，常常会将失败归咎于新技术本身而不是对其的误用。例如，最近有评论家指责，长期规划未能预测石油危机——而这实质上是因为长期规划不适用于此场景。

现有的大多数理论观点是片面的，因为它们是从某个特定学科的视角折射而来的，如经济学、心理学、社会学、政治学或通用的系统理论。在行为中的关键变量与所观察学科的变量相匹配时，这种有限的视角是可以接受的。但当某种行为现象需要从多学科角度进行解释时，它们就不够全面了，甚至会歪曲真相。

现今流行的理论普遍将组织作为一类群体来研究，着重于探讨它们的一般特性，而非差异性或极端性行为（请参见两本具有代表性的书《公司行为理论》(*Behavior Theory of the Firm*)、《公司微观经济学》(*Microeconomic Theory of the Firm*)，这些作品通常以复数形式提及“组织”，似乎所有组织都是一样的)。新学科典型的做法是试图用一些一般规律及原始模型来解释复杂现象。但是，对于一线管理者们而言，对组织一般性特征的研究是第二位的，他们对异常行为和成功的原因更感兴趣。

本书的研究范围

本书的目的是弥补上文论述的差距，即通过提供一种有利于实用技术评估和发展的理论依据，填补理论与实践之间的空白。在自然科学领域，这类理论被称为应用理论——一种介于纯自然科学理论与工程学之间的知识范畴。应用理论研究的是一般性概念，但可以从解决实际问题的角度进行阐述。

本书主要的研究对象是与所处环境进行产品（服务）交换的复杂组织，研究它们适应动荡环境的过程，并试图回答以下问题：

- 在动荡环境中，有哪些组织行为模式？
- 哪些因素决定了行为差异？
- 哪些因素导致了成功？哪些因素导致了失败？
- 哪些因素决定了行为模式的选择？
- 组织从一种模式到另一种模式的转变过程是什么？

与大多数现有理论不同，本书将管理人员视为组织中具有影响作用的社会阶层，并将其作为研究对象。管理层既不像在微观经济学中那样被理想化，也不像在多数组织社会学理论中那样被忽略。相反，本书探讨了从强制到保守的不同的管理行为模式。如要揭示管理行为与实用技术之间的关联性，这是必不可少的。

应用理论的另一关键需求是对一系列组织行为进行分析，这些行为涵盖了从危及组织生存的消极形态到为组织带来最大社会效益的积极方面。同样，组织面对不同程度的环境动荡时必须采取不同的应对策略。本书通过设定一个（或多或少带有主观性的）五级动荡标准来应对这一要求，并将此标准应用于评价不同的响应方式、组织文化及其应对能力。本书的一个基本假设是，在环境、反应、文化和能力相互匹配时，组织将取得成功。

本理论是跨学科的，因为它寻求的是针对问题的合适视角，不局限于任何特定的学术领域。有两条研究途径可供选择：一条是尝试把现有各种学科的观点整合成结构严谨的理论体系；另一条途径则从“现实”问题出发，提炼出对于解释行为至关重要的特点，然后选择性地借鉴现有的各种理论洞察。

本书采用了第二条途径，因为在我职业生涯的一半时间里，我都作为经理和管理顾问，致力于研究如何应对各种动荡的组织环境。因此，我认为我的相对优势在于理解现实问题，而不是对各种现有理论文献的广泛了解。本书使用的核心概念及其关系均是从我从事管理工作的经验中总结出来的。选定这些观点和关系后，我又从各门学科中寻找出相关的理论概念作为参考。

结果表明，最相关的学科之一是政治学——这是我学术背景最薄弱的学科。鉴于此，我很冒昧地照搬了许多理论，没有注明出处，也没有给予新的提升。我希望学术界的同行们能原谅这些过失，并以其对现实问题的相关性为标准来评价本书的研究成果，而不是基于是否正确地引用了既有的研究。

像所有理论一样，本书也存在两方面固有的局限，即探讨范围的有限性，以及研究深度的不足。

本书的研究领域仅限于探讨我们定义的组织的战略行为：与环境相互作用的过程，以及伴随而来的组织内部构造和动态变化的过程。与此相伴的另一种行为，我们称之为经营行为，它与组织内部资源的转换过程有关。本书通过分析经营行为对战略行为的影响，特别是经营行为通过组织惯性对战略行为的影响，间接地探讨了经营行为。因此，本书阐述的理论的适用性与战略行为对组织的重要性是紧密相关的。然而，在战略与环境关系相对稳定且环境动荡性较低的情况下，这里的理论并不适用。本书的研究可以说是对微观经济学或公司行为理论的补充，这两者都与竞争行为有关。

本书的研究表明，环境的动荡性和权力是影响战略行为的主要因素。但这两方面的研究深度都是有限的。它们被看作重要的外部变量：研究针对的是这两个变量的特定数值对战略行为的影响，但没有深入研究这些数值是如何确定的。研究中假设了某些动荡环境状态，但没有探讨导致环境从一种状态转变成另一种状态的机制，也没有研究构成环境要素的组织对这种转变的影响。组织与环境的相互关系被视为开环的：只研究环境对组织的影响以及组织做出的反应，没有研究组织的反应对环境有何影响。

对权力机制的研究也遵循了相似的模式：假设一定的权力结构并研究它们的影响，但除了战略危机导致的管理变革这一例外情况，对权力转移的机制并未进行深入研究。

本书的另一个主要局限性是，它把每个组织视作在与环境的互动中，独立而非合作的个体。从历史上来看，这一假设对大多数相关组织都是适用的。但近代社会的发展，尤其是欧洲的实践已表明，不同组织间的合作行为也在塑造它们的环境，这样的事情将变得越来越频繁。

上述局限性就是我在写作本书时遇到的主要挑战：从研究战略问题的角度探讨在快速变化的环境下如何适应挑战。目前（1977 年），这个问题与 10 年前（即我的第一本书出版时）已大不相同了。那时的问题主要局限于组织与环境的经济联系。这些联系的变化是缓慢的，因此，组织内部构造的调整并不是主要问题。内部权力结构稳定且集中在管理层手中，在企业中尤为如此。环境对战略行为的社会政治影响微不足道。

今天，除了经济联系，社会政治因素与环境的互动及对稀缺资源的竞争已成为重中之重。新的动荡环境更加需要内部文化做出转变，权力也日益分散到不同群体中。

我已尽最大努力充分考虑这种新形势，并为我能预见的新情况做了准备。毫无疑问，就像上述所举的组织之间不合作的例子所表明的那样，未来的情况会进一步限制当前理论的应用。

前期研究

在承继关系上，本书与我之前出版的三本著作有关。其中一本肯定是我在 1965 年出版的《公司战略》(*Corporate Strategy*)。《公司战略》是一种规范性的逻辑分析，讨论工商企业应该如何调整以适应环境。在写那本书时，我就意识到，我的研究缺乏相关规范理论体系来检验假设的有效性以及理论的适用条件。

后来的事实证明了这一缺陷的严重性。那本书一直很畅销，但许多与我的观点相类似的理论在实际应用中都令人沮丧，战略规划的推广一直很缓慢，直至10年后的今天，才逐渐有了真正的战略规划的实践。

在此期间，观察家们自然开始质疑原有理论体系的有用性。我本人一直坚信，只要应用于适宜的组织环境中，原有的理论体系依然可以行之有效；相反，如果将其应用于不适宜的组织环境中，这些理论就会格格不入。

我和几位同事在1976年出版的书《从战略规划到战略管理》(*From Strategic Planning to Strategic Management*) 中，提出了使战略规划与组织环境相匹配的解决方案。在过去的10年里，我在努力提高战略规划适用性的同时，一直在研究一种解释理论，用于检测各种战略管理方面的建议。本书就是这项研究的成果。

第二个理论起源，我认为是西尔特（Cyert）和马奇（March）合著的《公司行为理论》(*Behavioral Theory of the Firm*) 这本书。它可能是迄今为止，对构建管理行为多学科理论最重要的著作。本书在几个方面有别于西尔特和马奇的理论。如前所述，他们研究经营问题，而我们研究的是战略问题。他们的研究着重于工商企业，而我们关注的是更大规模的环境服务型组织。他们研究的是保守型公司，而我们研究的范围涵盖了从保守型到进取型的一系列组织。他们假定单一的行为模式，而我们则探讨一系列行为。他们研究的环境可以通过平滑推断来预测，而本书的研究不仅包括可推断的环境，还包括不连续的环境，以及动荡水平会随时间推移而发生变化的环境。

第三个理论来源是A.D. 钱德勒（A.D.Chandler）所著的《战略与结构》(*Strategy and Structure*) 一书。它引入了公司与其环境之间关系

的新观念。钱德勒的研究建立在历史分析的基础上。本书则是理论性的，提出了预测性的假设。本书与钱德勒的著作一样，基于一个基本的假设：环境、外部战略行为和内部"结构"是相互关联的。

多年来，许多人给我提供了宝贵意见，并以不同方式影响着这本书。他们是鲁塞尔·阿科夫（Russell Ackoff)、彼得·布罗登（Peter Broden)、德里克·F. 钱农（Derek F.Channon)、伊恩·克拉克（Ian Clark)、皮埃尔·达武（Pierre Davous)、罗杰·德克莱尔（Roger Declerck)、克劳德·福舍·博·赫德伯格（Claude Faucheux Bo Hedberg)、罗杰·希克曼（Roger Hickman)、莱斯·梅特卡夫（Les Metcalf)、亨利·明茨伯格（Henry Mintzberg)、安德鲁·佩蒂格鲁（Andrew Pettigrew)、本特·斯蒂姆内（Bengt Stymne)、皮埃尔·塔巴托尼（Pierre Tabatoni）和菲力普·迪·伍特（Philippe de Woot）。同时，我也衷心感激在欧洲战略管理研究"俱乐部"的许多朋友和研究人员。

书稿的准备工作由四人完成，他们付出的超乎寻常的努力令本书增色不少。内德·西科（Ned Sickle）和莱斯·伍埃斯切（Les Wuescher）编辑了原稿，佩吉·菲尔普斯（Peggy Phelps）整理了初稿，杰西·戈维斯（Jessie Goveas）准备了完成稿。

最要感谢的人是我的妻子斯基普（Skip)。她鼓励我，并熬过无数个清晨与我进行"枕边长谈"，很多关键性想法和概念就是在这种时刻推敲而成的。

STRATEGIC
MANAGEMENT

第二章

总 体 框 架

理论或许不能为我们提供答案，但是它可以通过提出质疑，深入问题的核心。

——改述自安东尼·布彻[㊀]

环境服务型组织

现代工业社会的基础是大量的组织，它们的首要任务是为其环境提供商品与服务。在资本主义工业社会中，这些组织通常被划分为两大类别：一类是以营利为目的的工商企业，其资产归私人所有；另一类是“非营利”组织，其资产属于社会公众。从历史上看，人们普遍认为，这两种类型的组织表现出了明显不同的行为特征。

工商企业被视为商品的生产者，对内讲求高效运作，对外追求积极进取的企业家精神，一心一意地追求利润。公众所有的组织被看作服务的提供者，往往会出现内部官僚主义盘根错节、办事效率低下，外部厌恶风险的情况。工商企业所追求的利润和效率的目标，在非营利组织中被提供“公共服务”这一模糊概念代替。

如今，这两种类型的组织之间的界限越来越模糊，对工商企业的研究表明，单纯以追求利润最大化为导向的企业只是少数。大多数企业在不同程度上也会面临官僚主义带来的困扰，而以前它通常只存在于非营利组织中。另一方面，非营利组织偶尔也展示了令人惊叹的效率和进步，“阿波罗计划”就是例证。

随着人们对这两种组织固化的行为模式有了相似的认知，人们对它们的期望也开始趋于一致。每当它们的行为违背社会道德，对公众

㊀ Anthony Boucher，美国著名科幻、推理小说作家及评论家。——译者注

健康造成威胁或带来负面社会影响时，“私营部门”会面临越来越大的约束其逐利行为的压力。同时，人们也会强烈要求私营企业通过实际行动参与非营利活动，为公众提供服务。

在公共领域中，随着社会面临的教育、健康、社会福利服务、交通、生态环境、空间资源等一系列问题的增加，非营利组织越来越多地从事以前只有工商企业才会开展的商业性活动。与此同时，政府预算增加及其在国民生产总值中的比例不断增大，使得非营利组织内在的低效率问题变得更加突出。因此，公共部门迫切需要效仿工商企业的高效运作模式，以应对日益增长的压力。

社会的运行日益复杂，加上不断变化的社会价值观念使我们相信，过去的组织形式不再符合当今社会的需求。在欧洲，这种认识导致企业的地位发生改变，从英国的资产国有化，到德国的公众和工人参与战略决策，再到最近瑞典实施的“全面协商”（*Full Consultation*）法案。在美国，许多组织则尝试通过创立所谓的“混合型”组织，赋予公有机构“商业化特色”。比如，田纳西河流域管理局、纽约海关、Comsat[㊀]（管理卫星通信的公司）、Amtrak[㊁]（管理美国东北通道客运交通的国营企业）、纽约邮政局和福特政府提议的能源公司。每个组织都是同时具有“公营”和“私营”特征的混合型组织。例如，纽约邮政局和 Amtrak 都具有“营利”的法律地位。

因此，私营的营利组织和公营的非营利组织两者之间的界限已变得不再明显，它既不能解释行为，也不能用于设计新的社会反应形式。

在本书中，我们统一将工商企业和非营利组织定义为“环境服务

㊀ 全称为 Corporation for management of satellite communications，指美国管理通信卫星的一类公司。

㊁ 全称为 National Raliroad Passenger Corporation，指美国管理全国铁路客运公司，是 American Track 的简写。——译者注

型组织”（Environment-serving organization）来进行研究。环境服务型组织的主要任务是为社会提供产品和服务。有些作者把这些组织称为“目的型”组织，主要理由是这些组织的生产过程是其成员共同的、有目的的活动的集合。正如我们要详细讨论的那样，这些组织的“目的”不一而足，从积极优化到被动维持现状。基于这个原因，“环境服务型”这个名词看起来更适合于描述这类组织。我们提到此类组织时，将简称其为 ESO。

本书将深入探讨所有 ESO 的共性特征，并辨析它们之间的差异。我们会注意到，在极端情况下，工商企业与非营利组织之间存在显著差异。但我们也会发现，在相同变量的中间地带存在大量重叠。我们还将看到，随着当前社会趋势的发展，这些重叠的部分正在逐渐增加。

ESO 包括工商企业、医院、大学、教会，以及政府中提供服务的机构，比如邮政局和机动车驾照登记局。在当今社会，这种类型的组织雇佣了大量劳动力。然而，像非正式社交俱乐部以及没有为外部客户提供具体产品或服务的立法、司法及监管部门等，就不属于环境服务型组织。

ESO 在物理学中被称为“守恒组织”。在生产产品或提供服务的同时，它们也在消耗资源，包括原材料、资金以及管理者的时间。一旦这些资源没有得到有效补充，ESO 就会开始“走下坡路”，直到结束经营——也就是商业语言中的“破产”。

资源的补充有两个来源：一是与环境的商业交易，将产品卖给消费者；二是补贴交易，即某些外部机构无偿为 ESO 提供资源。

在 ESO 中，传统工商企业的特点是完全依赖商业交易。但如今有些企业（如国有企业）具有非营利组织不完全依赖市场的特点。它们可以从政府获得补偿，以维持亏损的商业交易。

现在我们提出将 ESO 视为特定类型组织的基本假设。后面的许多推论都直接源自该假设。

假设 2-1：生存驱动

在面临灭亡的威胁时，任何环境服务型组织（ESO）都会集中全部精力寻找生存战略。

生存驱动源于心理、社会和系统性的根源。它反映了个人对自身安全的追求，社会群体之间相互依赖和忠诚的关系，以及复杂官僚系统按照既定模式持续运作的惯性趋势。

在没有生存威胁的情况下，ESO 与其环境的相互作用存在显著差异：有些组织（传统工商企业）通过商业交易追求最大限度地增加净资源，有些组织（大多数“现实世界”的企业）坚定地寻求与其他参与者的互惠互利的交换，还有些组织（典型的非营利组织）主要依赖补贴，在商业交易中长期遭受着亏损。我们将证明，与法律上的营利性身份相比，ESO 对商业收入或补贴收入的相对依赖程度对其发展有着更大的影响。

ESO 的任务

ESO 的商业任务可以分成三种不同类别：

（1）**创业任务**：淘汰过时的产品（服务）；创造新产品（服务），确定目标顾客群体，想办法增加产品对潜在顾客的吸引力，使其新产品 / 服务得到市场的认可。

（2）**经营任务**：投入资源转化为最终产品（服务）。

（3）**营销任务**：将产品（服务）出售和交付给顾客。

经营任务是内向性的，聚焦于ESO的内部运作与效率提升。创业和营销任务虽然由组织内部的成员来完成，却是外向性的。重要的交易直接在环境中进行（如销售），或者当意识到环境的需求（如开发新产品）时发生。我们将创业任务和营销任务称为ESO的战略任务。

创业、经营和营销任务的分类同样适用于补贴型机构与环境的相互作用。例如，寻求补贴的联邦政府机构首先要制定吸引投资者的计划，然后会推销该计划，试图影响相关官员，预判竞争对手的动向，获得拨款后，集中精力管理拨款。

这种任务分类同样适用于ESO与其环境之间的第三种重要交易——让ESO在社会中的地位合法化的政治交易：

（1）**创业性政治任务**与确定ESO生存的目的（其存在理由）有关，也与它运作中的自由与约束因素（游戏规则）有关，还与ESO环境中掌权成员通过谈判制定的企业存在理由和游戏规则有关。在政治语境中，创业任务被称为"政治家才能"。

（2）**营销性政治任务**在于维持和促进社会活动（如法律、公众态度），这与存在理由和游戏规则是一致的。在美国，政治营销被称为"游说或者公共关系"。

（3）**经营性政治任务**涉及准备营销活动所需的信息和其他必需材料。

在20世纪50年代以前的150年间，工商企业和非营利组织的存在理由是清晰而明确的。非营利组织主要负责提供本质上无法营利的社会服务；工商企业的任务则是创造国民财富，以及在所有可能获益的领域提供社会需要的服务和商品。如同参与游戏要遵守游戏规则，非营利组织的活动也受其章程设定的范围所限。这些组织的经营亏损，由政府或慈善机构进行补贴。而工商企业的基本游戏规则建立在亚当·斯密（Adam Smith）的哲学之上，即"自由放任"——不受限制的自由竞争，企业可以自由地从事想要从事的任何商业活动。

这些清晰的规则设定抵消了对创业性政治任务的需求，同时也减少了非营利组织对营销性政治任务的需求。然而，从19世纪下半叶开始，将“自由放任”政策照本宣科地应用于工商企业产生了一些不良的社会影响。因此，社会开始对企业的行为施加越来越多的限制，有些是为了控制这些负面影响，有些则是为了保护竞争。作为回应，工商企业会单独或联合各种协会，更多地参与进营销性政治任务中（游说），以此捍卫“自由企业”之理念。

20世纪后半叶，情况开始发生急剧变化。正如我们将讨论的那样，对于工商企业和非营利组织来说，游戏规则和其存在理由都受到质疑，情况已经转变。因此，可以预测，ESO将越来越多地参与到创业性政治任务和营销性政治任务之中。

上文的讨论确定了组织活动的两个维度：ESO与环境的交易类型和组织任务类型。这些维度可概括为图2-1，图中阴影部分是本书的研究范围。**我们的研究兴趣仅限于ESO的商业战略行为，包括创业和营销两个方面。**

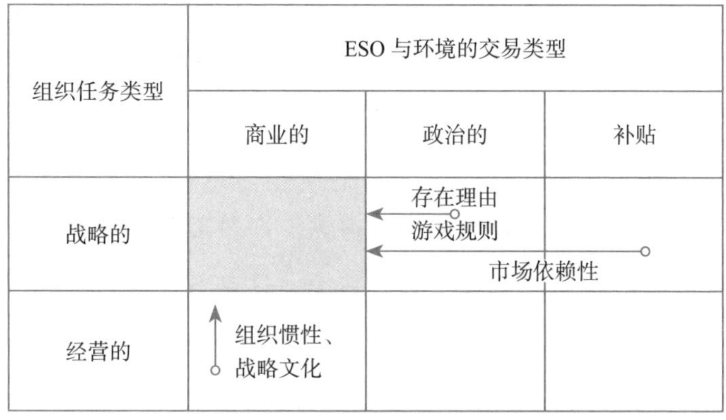

图2-1 组织活动的两个维度

但是，商业战略行为显然不会孤立存在，因为它与图中其他单元格代表的行为相互作用。在本书的研究中，我们将把这些相互作用视为对战略行为的外部影响。因此，如图 2-1 所示，经营任务的影响体现为它对 ESO 组织惯性和战略文化的影响。政治交易的影响则体现为将存在理由和游戏规则强加于 ESO。

ESO 的全部收入由商业贡献和补贴交易的贡献构成。补贴收入较高时，商业活动所获得的收入相对较少。我们将利用 ESO 对商业市场的依赖性衡量补贴交易对商业活动的影响。

从社会角度来看，对于工商企业和非营利组织，ESO 的商业活动的有效性可通过两个互为补充的标准来测量：ESO 的产品（服务）对顾客需求做出反应的程度；ESO 在满足这些需求时资源利用的效率。

微观经济理论的基本假设是，在完全竞争条件下，当无数竞争者为赢得客户而争先恐后地竞争时，这两个标准将同时得到最优化——顾客将得到最好的服务，企业将获得最大的利润。

但完全竞争很少见，多数情况下两个标准不能同时得到最优化。许多企业通过满足客户需求来获取利润，但也有许多企业想方设法影响顾客购买企业想要推销的产品，甚至尽力隐瞒产品的真实特性。而大多数非营利组织很少关注上述两个标准，它们既不关注客户需求，也不追求经济效率。

因此，出于研究目的，我们需要设定一个比微观经济理论的基本假设更为广泛的前提。**我们假设，首先，许多工商企业和所有非营利组织并不追求经济效率的最大化；其次，只有当顾客的利益符合其内部经济目的时，最优化组织和非最优化组织才会真正关注顾客的诉求。换句话说，环境服务型组织是自私的而非利他的。**

为了比较行为并评估生存前景，我们用其商业交易利润，除以所用资源得出的投资回报率，来测量 ESO 产生的经济效益，即：

$$ROI=\frac{\text{商业交易的收入}-\text{产生的成本}}{\text{所用资源}}$$

上式中，ROI 代表“投资回报率”。

ROI 是工商企业中常用的关键指标，但并不是唯一使用的指标，也不是非营利组织的行为目标。因此，我们使用 ROI 的目的不是将其作为天然的目标，而是作为比较的尺度，用来衡量 ESO 所投入资源运用情况的相对社会效益。可以预见的是，庞大且不断增长的社会投资，最终将导致在非营利组织管理中采用类似 ROI 的概念。

多重权力中心

根据工作任务，ESO 的内部人员通常被分为两类。第一类人在工商企业中被称为“管理者”，在非营利组织中则被称为“行政官员”，他们不直接从事实际资源转换工作，而是专注于引导和控制组织的行为。用现代德国人和荷兰人的话说，这些人是“工作的提供者”——也就是负责决定该做什么，鼓励和激励他人做事，并控制结果的人。工作提供者通过两种独特的工具来引导组织的发展：运用个人领导力，运用权力、榜样、说服和鼓舞的方式；在 ESO 活动中，建立系统、结构和程序，以强制执行特定的行为准则。

传统观点认为，工商企业中的工作提供者比非营利组织中相应的行政官员通常更加积极主动和野心勃勃。然而，对管理行为的研究和日常观察表明，实际情况要更复杂。虽然在某些工商企业中确实能经常看到进取心十足的管理者，但这并非普遍现象，在大多数工商企

业和几乎所有的非营利组织中，我们看到的都是各种形式的低效管理行为。

在早期的工商企业（以及今天的小型工商企业）中，管理层是一个小而紧密的团体，通常由企业所有者组成。如今，在大多数工商企业和非营利组织中，管理层是一个异质的、庞大的群体。管理层级越低，管理者对企业目标的忠诚度也可能会相应减弱，个人的渴望和野心越来越成为其行为的强劲驱动力。基层管理者们也从其职能活动的狭隘视角观察企业的目标，他们通常认为，企业福利的最优化要借助他们在某个领域的绩效最优化才能实现。因此，管理对战略行为的影响并非一元化的力量，而更像是各种相互冲突和矛盾力量的混合体。

ESO 中的第二类人是“工作接受者”——包括蓝领工人和白领工人，他们参与实际的资源获取、转换和产品处理过程。他们是战略工作不可或缺的部分，没有他们，ESO 的规划和愿景永远都将仅停留在理论层面。

在现代工业文明中（日本除外），工作接受者通常不用对企业的经营成果负责，他们的工作动力来自对个人经济利益的满足。像管理者们一样，工作接受者们并不是一个同质化的群体，他们往往是根据专业技能组织起来的。

因此，在现代 ESO 中，许多参与者和参与者群体对战略行为有着不同的抱负。**本书的一个核心假设是，这些抱负会影响行为选择，就如同参与者所拥有的权力，以及这些权力在参与者间动态变化的作用一样。**

我们会在后面详细讨论，在工商企业中，权力起初是集中在所有者手中的。到 20 世纪中期，权力已经转移到了管理者们的手中。从那以后，工作接受者们开始积聚力量，部分通过掌握专业技术知识，部分通过权力结构中的法律修订（欧洲最为明显）。因此，工商企业的发展趋势是，其权力结构朝着非营利组织中常见的权力结构靠拢。在非营利组织中，传统上以工作的技术专家为主导，而管理阶层的势力相对薄弱。因此，越来越多的战略行为受到了多重权力中心的相互影响。每个权力中心都试图在 ESO 的抱负中留下自己的印记。

模型概述

本书提出的理论中有一个主要概念，那就是 ESO 获得的商业成果在很大程度上取决于多种要素的匹配程度。这个概念是在钱德勒的“战略 - 结构”假设的基础上做出的阐述和延伸。部分需要进行匹配的要素是外部的，即企业应该考虑环境动荡水平与我们称之为战略推力之间的平衡。此外，另一部分需要匹配的要素是内部的，介于战略推力与 ESO 的三种要素之间：即战略文化、管理能力和后勤补给能力。

为评估匹配程度，我们将制定一个衡量环境动荡水平的标尺，并为每个要素建立相应的范围。如果这些要素完全匹配，潜在绩效将达到最优化；如果它们完全不匹配，潜在绩效将相应下降。

绩效的提升也受资源投入和作为 ESO 战略推力的战略预算的影响。本书提出的理论为各种环境设定了称为临界数量的战略预算水平，低于这一水平，ESO 不应期望在商业交易中获得净利润。而在临界点之上，随着预算的增加，ROI 也将随之增长并达到最大值。

另外，经理个人的绩效驱动因素，以及他们将这些动因转化为绩效压力的权力，都将对绩效产生影响。

除了绩效，本书提出的理论也涉及 ESO 选择战略推力的过程。这个过程如图 2-2 所示。该市场动态模型将 ESO 的战略行为与环境动荡性相匹配，从而产生经济效果。这些效果通过 ESO 内部的会计体系反映出来。对于某些 ESO 来说，这是管理层能使用的唯一信息，但对于其他 ESO 来说，它们可以直接从环境中获取额外信息。

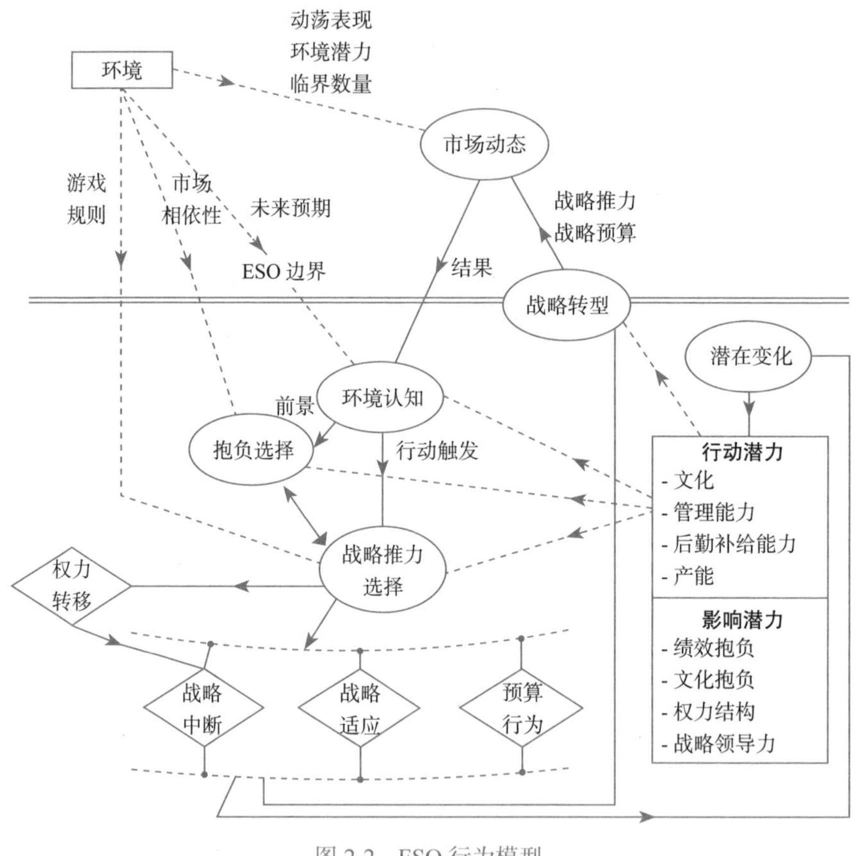

图 2-2 ESO 行为模型

获取信息的过程是基于环境认知而建立的模型。这个模型通过信息搜集机制（它是图 2-2 右下方框中列出的管理能力）和管理文化对与过去经验不同的信息的接受程度之间的相互作用来实现。这些模型所产生的内部认知可能与外部现实情况相符，也可能不符。

人们感知的前景是模型中决定 ESO 追求的绩效水平的一个输入参

数。决定 ESO 抱负的其他关键因素包括：历史传统和惯性、掌权群体和个体自我服务的抱负，以及寻求组织最优化战略的管理层的抱负。

如该模型所示，期望形成的过程可能清晰明了，也可能难以预料。在许多工商企业和部分非营利组织中，构建抱负的过程多以设定目标为出发点，通过预算、MBO（目标管理）、长期计划或战略规划等管理系统加以实现。但在大多数非营利组织和部分工商企业中，抱负的形成过程往往含蓄而不明确，且具有浓郁的政治色彩，并与战略选择过程并无太大差异。换句话说，对“理性”的 ESO 来说，目标是通过明确的“理性–政治”影响的过程形成的，然后它们将基于商定的目标做出战略选择。另一方面，在“政治性”组织中，政治谈判的焦点往往是战略选择，对于抱负的磋商空间就相对较少。

如图 2-2 所示，抱负选择与战略推力选择之间存在相互影响。战略选择模型实质上与抱负选择相似，同样受到历史、政治和管理因素的影响。另一个重要的影响因素是环境：游戏规则界定了战略选择的可行范围，而环境的动荡水平则决定了能够实现预期的战略行为模式。在后续的讨论中，我们将详细阐述这一点，关键在于许多 ESO 选择的战略模式与其选择的抱负并不一致，从而产生非最优化的行为。

图 2-2 底部的四个菱形组成了 ESO 做出战略选择的备选计划示意图。如最下面三个菱形所示，该模型提供了三个备选计划：没有战略变化时的预算行为；与 ESO 的以往战略变化一致的战略适应；与过去经验背离的战略中断。如图中权力转移所示，在战略中断之前，ESO 通常会发生权力转移。在本书之后的章节中，我们会详细讨论战略行为中的过渡机制。

在图 2-2 右下方的方块中，如虚线所示，列出了影响战略行为过程每一步的主要力量。行动潜力这一组，代表影响过程和结果的被动力量；影响潜力这一组，代表影响行为选择的触发力量。

图 2-2 显示的模型看起来十分复杂，在我们讨论一系列可能的组合时，该模型的研究会变得更为复杂。我们会分析五种典型环境、五种战略推力、五种不同文化、五种能力、三种权力结构、三种战略行为模式和两种战略领导力——总共有 11 250 种组合。要开发一种方式把这些组合写出来，而又不会使其复杂到让我本人或读者感到混乱和难以理解，这是一个重要的学习体验，也是本书修改了四遍的原因。我希望这本书的读者不需要费很大劲就能读懂。

STRATEGIC
MANAGEMENT

第三章

从历史视角看环境

“美国经济之问题，在于其令人恐惧的变化趋势，昔日所见，今日皆非也。”

——卡罗尔·J. 卢米斯

“趋势并不是注定的。”

——雷内·杜波依斯

工业革命

美国现代企业的历史起始于19世纪20年代到30年代。首先是运河网络的建设，之后是全国铁路系统的建设，引发了全国经济一体化过程。一系列的基础发明——蒸汽机、轧棉机、贝西默（Bessemer）炼钢法、橡胶硫化法等，为产业腾飞奠定了技术基础。技术发明是和社会发明及工商企业（历史上最成功和最有影响力的组织形式）并行推进的。

在1880—1900年间，现代工业基础设施已经形成。它将全美统一为了一个共同市场。企业崭露头角，成为社会进步中备受关注的核心力量。这一时期后来被称为“工业革命”，也是战略动荡异常激烈的时期。早期的实业家们将他们大部分的精力都倾注在创造先进的生产技术、发展组织技术和争夺市场份额中。我们今天所理解的“竞争”的概念，直到19世纪80年代才逐渐开始形成。早期的竞争主要是指要主导或吸收竞争者，而非在市场上与其正面交锋。我们今天所说的现代营销，那时还尚未形成。

批量生产时代

从1900年开始，产业活动的重点转向针对工业革命时期建立的产业结构的发展与整合。这个持续到20世纪30年代的新时期被称为“批量生产时代”，顾名思义，产业活动的重点是发展和完善批量生产机制，逐步降低单位生产成本。营销的概念简单明了：以最低价格提供标准化产品的企业将获胜。这个概念在亨利·福特一世回应主张产品差异化的建议时，得到了最好的诠释。他对手下的销售人员说：“只要卖给了他们黑色的T型车，就等于卖给了他们任何颜色的小汽车。”

需要解决的问题很多，但战略挑战不在其中。产业边界刻画得很清晰，大多数产业都提供了有前景的机遇。只有最有冒险精神的企业才会有意进军新领域、开拓新业务。多数企业对它们的成长前景感到满意。很明显，钢铁公司属于“钢铁行业”，汽车公司属于“汽车行业”。因此管理层的注意力集中在内部生产机制的效率上。结果形成了后来被称为“生产思维倾向”的一系列管理观念、态度和偏好。

在政治方面，企业部门受到精心保护，免受外部干预。只存在少量的政治和社会控制。政府很少“干预”企业自由经营。只有在必要时，政府会采取保护主义经济政策。当企业明目张胆地违反社会规则时，政府会采取措施限制企业自由经营，如反垄断和反合谋定价的立法。但这些只是偶然事件，大多数情况下，商业环境的边界并不受侵犯。国家的公务等同于关注企业部门的发展。这种以企业部门为中心的观点，导致通用汽车公司前总裁、绰号“发动机查理”的查利·威尔逊（Charlie Wilson）宣称：“对通用汽车公司有利的，对美国也有利。”

批量营销时代

20世纪最初的30年，企业靠低价取胜。产品基本上没有差异化，以最低单位成本生产是成功的秘诀。但进入20世纪30年代，人们对基本消费品的需求趋于饱和。“家家有车，餐餐有鸡”，日趋富裕的消费者开始追求超越基本功能的产品，对T型车之类的产品的需求开始减弱。

20世纪30年代初期，通用汽车公司开启了从生产思维倾向到市场思维倾向的转变。每年更换新款车型的政策，象征着从标准化产品向差异化产品的转变。与以前的“生产导向”相比，成功的关键开始转向“营销导向”。福特公司曾经尝试用另外一种标准型号的A型车代替标准型号的T型车，但随后也不得不跟随通用汽车公司的产品多样化模式。促销、广告、推销和其他消费者影响力成为管理层优先关切的事项。

向营销导向的转变意味着从强调内向的、以内部为中心的视角转向开放的、外向的视角。这也意味着，权力从具有生产思维倾向的管理者的手中转移到了具有营销思维倾向的管理者的手中。内部冲突和权力斗争会经常发生。但是，除去权力斗争之外，管理者抵制权力转移，因为这将花费高昂的成本，耗费大量的时间，他们需要面对心理上的压力，去获得新技能和设施，开发新的问题解决方法，改变结构和制度，以及接受未来新的不确定性。

在加工行业和耐用品生产行业，营销观念的渗透缓慢。当面临市场饱和时，这些行业的企业宁愿在生产导向下缓慢增长，也不愿尝试向营销导向转变。直到第二次世界大战之后，这些行业中的许多企业在新技术的推动下，才迎来了迟到已久的营销导向观念，之后不久便进入了后工业时代带来的大动荡中。

消费品行业和技术密集型行业较早接受了营销导向的观念。但矫枉过正的事经常发生：营销开始以牺牲生产效率为代价支配经营。为了校正过度转变，“全面营销理念”开始出现，它平衡了营销与生产两者之间的冲突。这种均衡分配资源的管理行为逐渐崭露头角，并且在大多数先进的企业中得到了良好运用。

批量生产时代大大地增加了环境的营销动荡性。在批量生产时代，曾一度式微的企业层面的变革战略得到了加强，但幅度不够大。20 世纪初期，在以技术为基础的行业中，新产品研发成为重要活动。历史上一个重要的里程碑，就是杜邦、贝尔电话公司和通用电气等企业建立了企业内部研发实验室，这使得创新在公司内部得以制度化。

在技术含量较低的消费品行业，每年推出的产品型号的更新换代，催生了对产品渐进式改良、更精美的包装和外观吸引力等方面的需求。但不同的是，产品和市场的变化是逐步发展的，不是革命性剧变的。对当前市场和产品的关注超越了对未来潜在利润的考虑。

在工业时代，环境中的主要变化大部分源于那些引领风尚、推动进步的领先企业。因此，企业有充分理由认为它们能主宰自己的命运。当然，企业的积极行动有时也会带来一连串无形的不利结果，引发周期性“失控”，如反复出现的经济衰退，但这些被视作自由竞争的代价。为了在一段时间后能够“释放”“经济压力”以实现复苏，这些周期性的“冲击”被视为这个相对稳定的世界中的意外。

向后工业时代过渡

进入 20 世纪 50 年代中期，逐渐增多和加速的事件开始改变企业环境的边界、结构和动态。企业正在面对前所未有的挑战。这些挑战如此深远，彼得·德鲁克（Peter Drucker）把这个新时代称为“断裂的时代”，丹尼尔·贝尔（Daniel Bell）把它称为“后工业时代”。在本书的讨论中，我们采用的是“后工业时代”这个词汇。今天，变化仍在继续，可以有把握地预测的是，目前仍在逐步扩大的动荡还会至少持续 10 ～ 15 年。还可以有把握地预测，如同历史上的其他大变革时代，今日的动荡将被人们认为是社会向新价值观和新结构过渡的征兆。但难以预测的是，社会何时会开始再次平静下来，吸收和利用这些累积起来的变化。因此，把目前的时期称为向后工业时代的过渡期较为恰当。

作为外部观察者，批量生产和批量营销时期的企业问题，与新的动荡问题相比，看上去似乎简单一些，经理的全部注意力都集中在“如何管理好企业”上。他有一支积极肯干的劳动力队伍（如果工资合理），他的服务高度贴合消费者需求。相比之下，如关税、货币汇率、不同的通货膨胀率、文化差异和市场间的政治壁垒等问题都是他的次要关注对象。研发是提升生产率和改进产品的可控工具。尽管社会与政府越来越警惕垄断趋势和竞争合谋，但基本上仍然是促进经济进步的友好合作伙伴。

但过去在企业内部工作的经理们发现，目前这一过渡时期的问题非常复杂，充满挑战性而且难度很大。在企业外部，经理们必须不断地为争夺市场份额、满足顾客的需求、及时供货、生产优质产品、提供更有竞争力的价格以及确保顾客忠诚度而拼搏。在企业内部，他们必须不断地通过更完善的计划、更有效率的工作组织和生产自动化来提高生产率。他们必须不断地应付工会的要求，同时维持生产率水平，保持市场的竞争地位，支付能够振奋人心和让股东保持信心的红利，以及保有足够的留存利润满足公司成长的需要。

因此，对于忙碌的经理们来说，最初他们会以与处理周期性经济衰退相同的方式对待后工业的现象。通货膨胀、更多的政府限制、顾客不满、外国竞争者涌入、技术突破、工作态度变化——每一项变化起初都被当作干扰因素，分散经理们在“如何管理企业”上的注意力，并且管理者们希望能重回正轨——集中精力搞营销、搞经营。

因此，正如过去从生产导向向营销导向的转变，向后工业导向的转变也是缓慢的，遭到许多企业的抵制，因为它带来了新的不确定因素、失去权力的威胁，以及拥抱新观念和新技能的要求。抵制变化经常造成企业行为与环境需求之间的差距。企业继续把注意力放在营销上而漠视技术和政策变化。当经验不再是未来的可靠指南时，企业却仍旧依赖过去的惯例办事。这种管理态度可以用一句流行的法国话来概括——“越变越是老样子”。

但这回可不是“老样子”。造成新动荡的根本原因是经济繁荣的出现。批量生产时代的推动力是满足人们的基本物质享受和安全需求。批量营销时代把抱负从追求物质享受和安全提升到追求富裕。后工业时代是富裕时代的来临。

生存需求的满足、可自由支配购买力的相应增长改变了消费者的需求模式。在工业时代满足基本需求的行业达到饱和。这些行业未必会衰退，但它们的增长速度会减缓。满足富裕人群需要的新行业出现了，包括奢侈消费品、娱乐、旅游、服务等。

技术从根本上影响了供给和需求这两端。一方面，战时用在研发上的批量投资催生了许多以技术为基础的新行业，另一方面也淘汰了其他行业。在企业内部，技术进步使“研发巨人”获得了自我发展的动力，创新了大量未被要求开发的产品，提升了企业的技术能力，独立引导着企业的成长推力，有时这甚至反过来危及管理阶层的抱负。

富裕的到来使人怀疑经济增长是社会进步的主要手段。社会抱负从物质生活“数量”向生活“质量”转变。产业巨头越来越被视为威胁，不仅是因为垄断行为威胁经济效率，还因为“政府－产业”的结

盟方式威胁到了民主。大企业在规模不断扩大的同时，被指责为不道德、牟取暴利、缺乏创造力和效率。并购其他企业也受到质疑，因为它被看作破坏了竞争。已经出现了对特大企业进行拆分的研究。为社会行为提供清晰指引的、以增长为中心的行为准则开始衰落。有人提出了“零增长”的替代发展方案，但在增长停滞时，社会又如何保持生机？对此人们却没有清晰的观点。

社会发展重点的调整将注意力再次集中在营利行为的副作用上：环境污染、经济波动、通货膨胀、垄断行为、由于人为淘汰造成的对消费者的“操纵”、夸大其词的广告宣传、不完全的信息披露和差劲的售后服务。所有这些副作用让人们觉得为“自由企业”营造出的自由放任环境所付出的代价过高。企业失去了在社会中“神圣”的地位。但其继续服务社会的能力却又被认为是理所当然的。现在人们认为，企业不仅需要在严格限制下（仅仅在20年前这些限制还被认为是有根本的颠覆性和社会破坏性的）保持经济效率，而且要承担“社会责任”。

因此，富裕的结果之一是创造富裕的机构失去了在社会中心的地位。“填饱肚子”后，人们在购物和工作行为上开始追求更高层次的个人满足。他们变得越来越区别对待了——越来越要求“完全披露”购买信息，要求制造商承担“售后”责任，无法忍受生态污染作为副产品。他们开始不再相信管理层的智慧和“对国家有利”的宣传。他们直接通过“保护消费者利益运动”向企业发起挑战，给政府施加压力要求加大监管力度。

在企业内部，管理阶层传统上的固有观念开始瓦解。中层经理们不再愿意充当仅为股东利益而工作的角色，“不想当将军的战士就不是好战士”的传统职业抱负已不再被新一代经理认同，他们希望企业在承担更多的社会责任的同时，也为个人提供在工作中实现自我价值的机会。因此，经理们开始更加认同技术专家的诉求，而不仅仅考虑高级管理层或股东。

富裕的另一个结果是，发达国家开始关注那些在国家聚焦经济增长时未能解决的社会问题：社会不公平、贫困、住房、教育、公共交通、环境污染、生态破坏。新的社会服务需求创造了新的潜在市场，但它们通常不能通过营利行为来实现。

企业的形象不再是神奇的“赚钱机器”，而越来越被视为对新的社会价值观念，如保护环境、社会公平和保障就业的压制者和阻碍者。过去，美国政府将其监管活动局限于“竞争保护”领域，但现在它越来越多地开始发挥指导性作用。例如，美国政府改变了国家汽车工业的基础技术和产品线战略。在西欧，当政的各国政府从思想体系上反对亚当·斯密的哲学理念。它们开始大力推行企业行为改造计划，削弱管理阶层以往拥有的权力。

私营部门现在被要求做到：

（1）限制其社会性和物质性“污染”活动。

（2）在无利可图的领域提供货物或服务。

（3）在促使社会积极进步上承担责任。

因此，在过去鲜有互动的社会政治与环境之间的交往，在后工业社会却具有生死攸关的重要性。它们为新商业活动提供机会，将新社会期望强加于企业，并对企业的生存构成威胁。

乍看上去，后工业的环境动荡似乎又回溯到了工业革命时期。但实际上，今天的情况更为复杂。在初期，制造市场和商业化的产品是企业家的头等大事。他们怀揣宏大的梦想，凭借天赋和能力将梦想变成现实。但他们优先考虑的几乎全部是商业创业与建立企业。建立起他们的商业版图后，他们却经常缺乏动力和能力，沉下心来利用他们的创造实现更好的经济价值。此时，管理者取代了创业者，虽然这些管理者不缺乏才能，但也不像创业者那样具有远见，他们更注重实干。他们开始精心策划和完善企业的生产机制，着眼于实现成长和利润。随后，市场营销人员也给产品市场环境注入了新的活力。因此，到20世纪50年代，产业演变是一个“连续的”过程。它由一连串相连接的时期构成：创业导向时期、生产导向时期、营销导向时期。随着不同时期的交替，管理层的注意力和重点相应地从一个中心任务转向另一个中心任务。

但在20世纪70年代，新的工作重点并没有取代原先的重点，反而愈加繁重。由于企业国际化、资源稀缺和技术革新加速，竞争并未减弱，反而更加激烈。生产和分配问题日益扩大，更为复杂。企业需要更加关注跨国扩张、技术突破与淘汰，以及经济结构的变化。企业与政府和社会的关系成为生死攸关的问题。因此，新的情况变化不但没有解决以往的竞争和生产问题，企业反而要面对更多的任务。

非营利组织的环境

在20世纪的大部分时间里，非营利组织的环境动荡程度与企业相比要小得多。企业占据了社会舞台的中心地位，是公认的社会进步的领导者。政府、公共医疗卫生服务、社会服务和教育是社会结构的“边缘化部分”，获得的资金寥寥无几，且无所作为。尽管缺乏吸引力，但它们的生存还是有保障的。它们的继续生存和财务偿付能力由政府预算、捐款和公款筹集提供。这些提供补贴的组织实际上提供了收入保证，它们很少质疑资金接受方对市场需要的响应和资金的内部使用效率。商业收入通常只占非营利组织总收入的很小一部分，市场交易的亏损通常由捐款、专用拨款和补贴来弥补。

因此，创业和营销活动在大多数非营利 ESO 中是不存在的。它们高度内向，与现实环境脱节，缺乏内部效率。

在美国，变化的根源可上溯到富兰克林·D. 罗斯福总统，他提出实行“大政府”的主张，政府对社会福利承担越来越多的直接责任。在西欧发达国家，变化发生在第二次世界大战时期，是由支持社会主义思想体系的新政府促成的。随着政府的发展，其专业行政部门对社会事务的影响变得越来越大。

然而，政府和社会福利支出的爆炸性增长，已经到了不能再容忍低效率的地步。因此，在日益增大的压力下，非营利组织被迫仿效工商企业高效率的做法。政府大胆进入社会需求的新领域——公共卫生、宇宙空间探索、公共交通、环境保护，这迫使非营利组织从事产品–市场–创造的创业活动——以前只有企业才从事这些活动。医院是近来卫生支出激增的受惠者，将实现从救死扶伤向保障人民健康的方向转变。大学也是近来政府巨额支出的受惠者，面临产能过剩、预算赤字，以及 17 世纪的教育模式解决不了 21 世纪的高等教育问题的挑战。

因此，在很短的时间内，非营利组织以往静态的环境变得十分动荡。考虑到转型的速度和规模，非营利组织在适应新环境方面甚至比最保守的工商企业还要困难。官僚主义根深蒂固，对变化的抗拒如此顽固，这类 ESO 只有在几乎接近甚至处于实际的生存危机的考验时，才能面对新的现实环境。面对这种抗拒，政府已在着手建立新的半官方、半商业化的社会组织，以便能够更好地迎接新挑战。

简而言之，在过去 20 年中，环境动荡水平已大幅升级。对于企业而言，这意味着它们从熟悉的营销和生产环境，转向一个由新技术、新竞争者、新的消费者态度、新的社会控制等构成的陌生环境，甚至

企业在社会中的角色也开始受到质疑。对于非营利组织来说，这意味着它们需要从传统封闭的观念转变为与环境开放对话。从社会的角度观察，一方面，非营利组织的社会意义受到质疑，另一方面，它们也被要求扩大服务范围并提高效率。

假设 3-1：工商企业和非营利组织的趋同

在未来，工商企业的商业焦点会逐渐淡化，而非营利组织会变得更商业化。

主要趋势

前面的讨论表明，在 20 世纪，ESO 的环境动荡在逐渐增强，表现为四大趋势。

（1）变化的新颖性不断增长。影响 ESO 的重大事件逐渐与过去的经验脱钩。我们在前面几页中详细地讨论了这种现象。

（2）环境的影响强度增加。因维持 ESO 与利益相关方之间的联系而消耗的能量、资源和管理注意力的百分比日益提高。我们将会在下一章专门分析战略强度。

（3）环境变化的速度加快。

（4）环境的复杂性在增加。

接下来，我们讨论后面两个因素。

在过去 30 年，有大量研究开始关注环境变化的速度加快的问题。这些研究得出的一个重要的共同结论就是，新技术从出现到商业化的周期在逐渐缩短。我们用图 3-1 来说明这种现象，该图显示许多重大技术的商业化周期在显著地缩短。

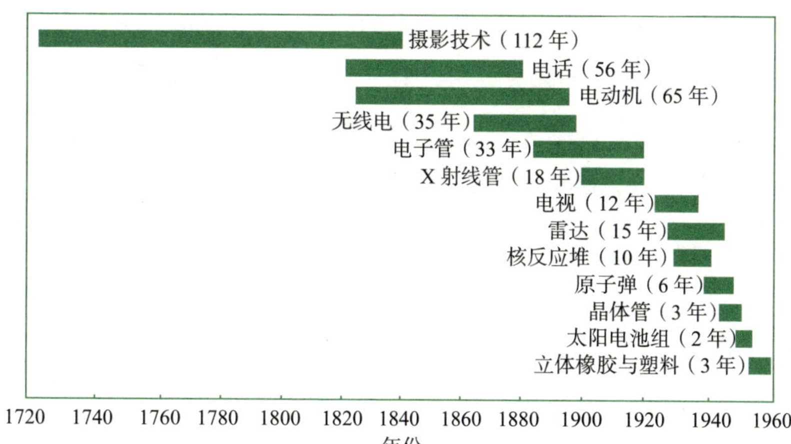

图 3-1　商业化的速度

资料来源：整合研究中心，《世界事实与趋势》(纽约宾厄姆顿市：纽约州立大学先进技术学院，1969 年)。

另外一个和变化速度息息相关的问题是，商业化改变了技术在用户中的传播速度。图 3-2 显示了这种现象。图中标记了“技术变化扩散的速度”曲线，代表图 3-1 中商业化周期的倒数。其他曲线显示 20 世纪后半期产品扩散的速度。

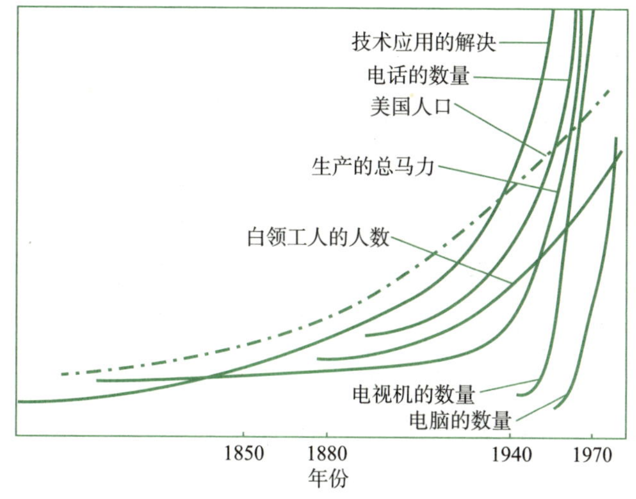

图 3-2　技术变化扩散的速度

两张曲线图合起来表明，在过去的一百多年间，从技术发明到完全市场渗透之间的时间间隔显著缩短了。它们也表明发明的速度在加快。

除了变化的速度之外，环境的复杂性程度也明显提高。我们通过整理前面对工业时代和后工业时代环境特征的比较，可以说明这个问题。比较结果如表 3-1 所示。

表 3-1 环境的复杂性比较

特征 \ 时期	工业时代（1990—1950 年）	后工业时代（1950 年至今）
环境的边界	• 以 ESO 的商业活动为中心 • 稳定的 • 界限分明的 • 不具渗透性 • 从业者几乎无差别 • 环境依行业划分 • 从业者间的影响大部分是直接的 • 企业是权力中心 • 知识共享	• 包括商业、社会、政治活动 • 变化的 • 界限模糊的 • 对新影响具渗透性 • 从业者有许多差别 • 产业链模糊 • 直接的和间接的影响 • 政治团队是权力中心 • 多重专业知识
环境的动态性	• 环境变化由 ESO 引起 • 几乎没有意外 • 技术、市场的连续演变，不连续的情况偶然发生 • 先前的经验适用于新环境	• 变化由 ESO 内外部环境的许多因素引起 • 很多意外 • 时常发生市场结构、技术和政府关系的不连续变化 • 先前的经验不适用于新环境

如表 3-1 中上半部分所示，传统产业的边界在扩张，变得更具有渗透性和更难以确定。商业与社会政治领域的相互联系越来越紧密。因此，工业活动受到越来越多的参与者的影响，而且对 ESO 的许多重要影响是通过中间参与者间接施加的（例如，自从阿拉伯国家控制了石油生产和定价以来，它们对所有行业施加了间接但广泛而深远的影响）。

表 3-1 下半部分显示了环境动荡的某些重要后果。ESO（特别是工

商企业）不再是它们行业中变革的唯一引领者。现在，变化来自各方，往往是间接的，且来源于行业之外。它越来越出人意料，越来越新颖。历史经验越来越不适用。

该表表明，后工业时代的到来意味着动荡程度的增加。该表还表明，环境中的事件在两个方面正在变得难以预测：对于源自 ESO 的行为，预测其全部后果越来越困难，这部分是由于行动产生的深远影响，另一部分是由于许多受影响的相关方的意料之外的反应和对抗；对于源自他人的行为，由于源头的多样性、陌生性及距离感，预测它们的起因和性质变得愈加困难。

假设 3-2：环境动荡的增加

在 20 世纪，发生在 ESO 环境中的重大事件逐渐变得：

① 新颖；② 难以应对；③更快；④更难预料。

STRATEGIC MANAGEMENT

第四章

预算行为模型

“规则是，昨天有果酱，明天有果酱——但今天永远不会有果酱。”爱丽丝反对说：“必须有某个时刻是‘今天有果酱’。”“不，不行。”皇后说，“你要明白，每隔一天有果酱，今天不是那一天。”

——刘易斯·卡罗尔

ESO 中最明显和最普遍的决策活动是资源分配过程。本章我们讨论 ESO 战略行为的关键组成部分——预算。

战略强度

ESO 通常是具有下述共同特征的相似组织的成员。所有成员：

（1）向共同的顾客销售相似的产品或服务。

（2）向共同的供应商群体采购所需资源。

（3）从共同的捐赠人群体获取补贴。

（4）共享一组被称为技术的共同知识体系，这对他们的商业活动而言是必不可少的。

由 ESO、顾客、供应商和出资者构成的一个相互联系的群体在商界被称为行业。这个术语现在也越来越多地被用于非营利群体，例如“医院行业”“高等教育行业”等。

从群体参与者的角度来看，行业的一个重要特征是我们所称的“强度”，即群体成员用于与其他成员相互作用的能量。在任何一个特定行业，每类参与者都是根据他们的投入程度来感知强度的。因此，强度不是普遍性的标准，而是参与者特有的标准。因为我们的兴趣集中在 ESO，我们会以 ESO 对强度的看法来概括行业的特征。我们可以很方便地把 ESO 用于战略行动的预算，作为衡量行业战略强度的标准。

定义

行业的战略强度可以用参与者 ESO 的战略预算来衡量。

图 4-1 显示了战略预算的两种分布情况。行业 A 的强度明显更高，其平均预算和最大预算都高于行业 B[⊖]。

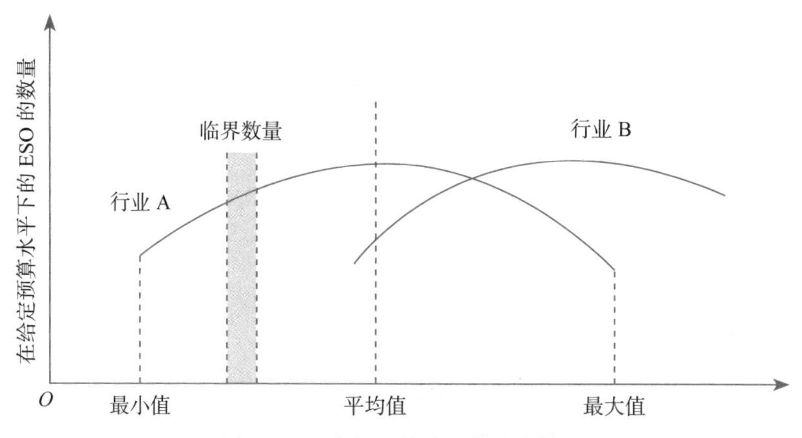

图 4-1　两个行业战略预算分布情况

图 4-1 显示的总战略预算包括两部分：**营销预算**，用于支持 ESO 产品的销售和必要资源的采购；**创业预算**，用于支持诸如改变产品、市场、技术和基本供应来源的性质的创新活动。每项预算都满足了 ESO 的不同但互补的战略需求。营销确保了对当前的顾客销售当前的产品，而创业则改变了产品和市场。对过时产品的过度营销，会导致收入下滑，但在产品被充分开发利用之前就对其进行改变，也会导致

⊖ 战略强度是指企业战略活动在资源分配上的体现，通过 ESO 的战略预算来衡量。图 4-1 中，横坐标（*X* 轴）代表预算水平，纵坐标（*Y* 轴）代表某一行业在特定预算水平上的 ESO 数量。两条曲线行业 A 和行业 B 分别反映了两个行业中，在不同预算水平下的企业分布情况。如果一个行业的曲线下围成的面积（即所有预算水平上 ESO 数量的总和）较大，意味着该行业在战略预算上的相对投入较多，战略强度也就越大。行业 A 在战略预算上的分布更广，且在高预算水平上有更多参与 ESO，这表明行业 A 在战略资源的投入上更为积极，因此具有更高的战略强度。而行业 B 的分布较为集中，且在高预算水平上参与的 ESO 较少，显示战略强度相对较低。——译者注

收入下降。营销活动能为 ESO 带来短期成果，而创业活动虽然抑制了短期成果，但为 ESO 创造了长期发展潜力。因此，ESO 的生存和发展取决于在营销活动和创业活动间恰当地分配战略预算。

在微观经济学文献中，高营销预算被视作竞争活动激烈的信号，而竞争活跃度也与行业集中度有关。在没有某家企业占据主导地位的多竞争者行业中，竞争将非常激烈；在垄断行业中，竞争则相对较为疲弱。

但是，单凭竞争结构本身并不能解释竞争活跃度或大规模的营销预算。有些行业市场份额分散但竞争疲弱，而有些垄断行业（例如贝尔电话公司）却投入大量营销预算，持续改进它们对顾客的服务。因此，要解释 ESO 的营销投入需要引入其他变量。

这些关键变量是：

（1）行业的总市场需求与现有行业总的生产能力的比率。不论行业结构如何，低比率都会激发更多的营销活动。

（2）行业领先者营销行为的激进度。新竞争者的进入有时会打破行业内的竞争僵局（例如日本的钢铁企业进入美国市场）。

（3）针对特定营销行为的立法限制。这些立法可能减少营销成本（通过禁止某些竞争行为），也可能增加营销成本（例如要求对“诚信广告”立法）。

（4）施加给 ESO 的顾客压力和“买方阻力”。即使竞争疲弱，强烈的阻力仍会增加营销预算。

因此，要研究行业的营销强度，把竞争的概念扩展为环境阻力的概念是必要的。

---定义---

环境阻力是行业中其他参与者和外部力量的压力总和，它增加了 ESO 销售其产品所需要的预算。

根据定义，可以得出结论，一个行业的营销预算与该行业内的环境阻力相关。

类似的概念也可用于确定创业预算所面临的压力。增加预算的压力来自：

（1）行业技术的丰富性或者新技术的引进使得技术创新速度加快。

（2）行业内现有产品的需求饱和度。

（3）行业领导者在创业活动中的积极竞争。

（4）立法（例如汽车安全、防止污染）。

（5）顾客对创新的要求。

定义

创新压力是行业中 ESO 为将其产品销售给顾客所需增加预算的压力总和（为便于进一步的研究，我们把环境阻力和创新压力的总和称为环境阻抗）。

假设 4-1：战略强度和环境阻抗

行业的营销预算水平与其环境阻力相关，而创业预算水平则与其创新压力相关。

环境依赖性

理解环境阻抗有助于解释工商企业间战略预算水平的差异，但它不能充分解释非营利组织的特殊行为——它们通常不存在战略预算，尽管事实上这些组织也面临着顾客不满的投诉和法律上的要求。

我们认为这种差异的关键解释因素在于企业和非营利组织各自对

商业活动的依赖程度。

私营工商企业完全依赖市场。来自社会融资环境的资金支持加重了这种依赖。社会融资有两种形式：企业股东投资的股本及公共机构与金融机构提供的贷款。二者都要承担偿还责任。权益投资要求分配股息，贷款要求支付利率固定的利息。在大多数情况下，这些社会融资额只能用于企业扩大规模和多样化经营，不能用于弥补经营亏损。如果企业发生亏损，股本投资者会撤资，获得更多贷款的路径会被拦阻，现在的放贷机构会设置限制条件并设法控制企业的行为。

对比而言，非营利 ESO 通常仅有很少部分的收入来自商业交易。这些业务通常是亏本的买卖，其经营亏损通常由政府机构、个体慈善家和慈善基金的补贴来弥补。和工商企业不同，因为补贴的规模和可获得性并不依赖于 ESO 的商业效益。资助的金额取决于法律义务、对 ESO 所提供服务的社会需求、慈善家的慷慨程度。资助的持续性建立在社会需求的持续期、个人忠诚度、“捐款习惯”、母校情结等基础之上。

因此，为了确保生存和成功，工商企业必须从事能使其商业行为获利和有效的战略活动。事实上，完全依靠补贴的非营利组织是缺乏从事战略活动的动力的。图 4-2 表达了影响这两类机构的合理观察模式。

该观察模式表明有两种互为补充的方式会促使非营利组织采取更有力的战略行动：增加它们对商业收入的依赖；使获得补贴的可能性取决于商业表现。在最近把非营利组织改造为营利组织的社会实验（例如美国邮政局[⊖]）中，这两种方式都没有得到强调。结果，营利组织的

⊖ 1970 年，美国政府撤销了邮政部，颁布了《邮政重组法案》（Postal Reorganization Act），美国邮政改组为美国邮政服务公司，自负盈亏。——译者注

身份只起了装点门面的作用，ESO 的行为动态依旧如故。

假设 4-2：战略强度和环境阻抗

ESO 在战略活动上的预算分配与其总收入中取自商业环境部分的占比有关，与补贴收入（包括社会融资）对 ESO 的战略活动水平的依赖程度有关。

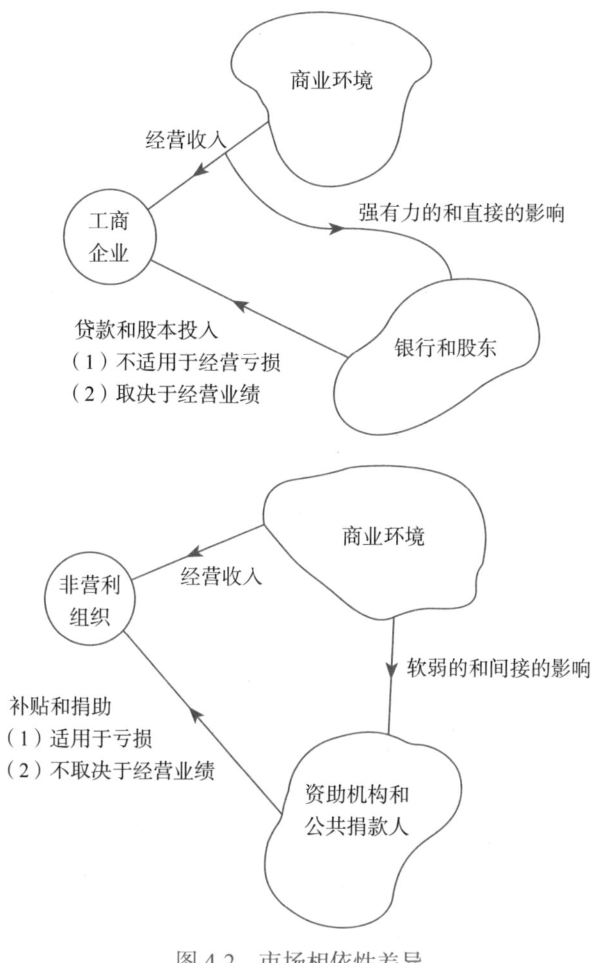

图 4-2　市场相依性差异

临界数量

现在我们回到图 4-1 中预算水平较低的区域，以探讨行业中 ESO 存亡分界线。在较低的预算这一端，ESO 通常是经营无效亦无利的组织，要么正在被挤出行业，要么需要大笔补贴才能存活。这些可能失败的 ESO 与可能成功的 ESO 之间，存在一条狭窄的预算范围，在图 4-1 中表示为“临界数量”。

定义

临界数量是一个恰好足够使 ESO 能够继续从商业环境中收回成本的预算水平。

临界数量是在商业研究文献中被广泛讨论的一个概念，但在实践中很少有企业采用。忽视临界数量水平会产生严重后果，特别是以创新技术为基础的新行业。比如拥有“大型中央处理机”的计算机行业，通用电气、RCA㊀和飞利浦等企业巨头都满怀热情地进入，在理想破灭后退出。退出在很大程度上是由于下列原因（为时已晚的认识），即与处于优势的 IBM 竞争，临界数量超出了每个企业能够承受的水平。

两个要素指标决定临界数量。第一个要素指标是在行业中建立稳固立足点所必需的用于产品 – 市场开发设备、库存和技能的最低初创投资。这个要素指标在新兴行业中特别重要。在工商企业中，这个稳固立足点的规模经常以临界市场份额来衡量。第二个要素指标是 ESO 维持临界市场份额需要投入的年度预算。我们把这两个要素指标分别称为“初创临界数量”和“维持性临界数量”。

初创临界数量就是创业费用总额，它们全部都属于战略预算。维

㊀ 全称 Radio Corporation of America，即美国无线电公司。——译者注

持性临界数量包括三部分。第一部分是创业性临界数量，这是使 ESO 的产品和服务跟上时代所需要的最低费用。创业性临界数量的规模与环境的创新压力相关。第二部分是与环境阻力相关的营销性临界数量，这是确保 ESO 产品销售达到盈亏平衡所需要的最低预算。第三部分是保持足够低的生产成本，使产品销售保持盈亏平衡所需要的经营性临界数量。在大规模生产、生产技术投资高的行业中，经营性临界数量偏高；而在“手工”产出和技术含量低的行业中，经营性临界数量偏低。

因此，ESO 的总临界数量等于各个部分之和，即：

$$m_{\mathrm{cr}} = m_{\mathrm{cr}}^{e} + m_{\mathrm{cr}}^{m} + m_{c}^{o}$$ ㊀

当达到临界数量时，ESO 仅能勉强实现盈亏平衡。随着预算开始超过临界数量，ESO 的地位提高，影响扩大。它能够提供最新产品，并通过扩大营销和经营活动实现规模经济。因此，它的经济效益增加了。但超过某一点后，边际效益增长会开始回落。由于市场渗透至最佳状态而带来的优势逐渐消失，加之规模扩大、复杂性增加以及灵活性损失，其效率开始下降。

因此，我们假设，在预算达到某个水平之后，ESO 的效益预算最终会达到平衡。在后续讨论中，我们会用下述关系式表述预算的效益：

$$E = f\left(\frac{B}{m_{\mathrm{cr}}}\right)$$

式中，E 是效益，B 是预算。函数 E 有如下关系：

当 $B < m_{\mathrm{cr}}$ 时，$E < 0$

E 在值域 $m_{\mathrm{cr}} < B < \bar{B}$ 内增长

当所有的 B 值大于 $\bar{B}$ 时，$E = \bar{E}$

㊀ 式中，m_{cr} 为总临界数量，m_{cr}^{e} 为创业性临界数量，m_{cr}^{m} 为营销性临界数量，m_{c}^{o} 为经营性临界数量。——译者注

我们把本节内容概括为下述假设。

假设 4-3：临界数量

在营利行业，ESO 要在行业中维持生存，必须投入最低限度的创业、营销和经营预算。

假设 4-4：临界规模

当行业的总临界数量大于 ESO 现有总预算时，ESO 会因规模过小而无法分享行业利润。

预算组合

ESO 的预算分配不当会有严重后果，为了生存下去，每项预算都必须达到或超过其临界数量水平。在 ESO 中，尽管它的总预算高于 m_{cr}，但如果其中某一部分预算不足，则会遭受损失。它必须要面对的是：它要么提高次临界预算，要么从行业中退出。

我们可以借助图 4-3 分析不同预算分配的结果。该图显示不同预算占 ESO 总预算的百分比。连接两个 100% 点的直线与坐标轴围成的三角形是全部可能的预算分配区。恰好在这条直线上的分配方式意味着把全部预算分配给营销活动和创业活动，而没有给经营活动留有任何预算，这显然不是划分战略总预算的可行方法（除非 ESO 只是非生产性中间商，或者其产品是研发出来的）。阴影部分的三角形代表了可行的预算组合，其边界则表示各活动的临界数量。如该图所示，这些边界是通过将各自行业的临界规模除以 ESO 总预算得出并绘制出的。如果三个临界数量每一个都小于总预算，会得到如图所示的结果。如果至少有一个临界数量超过了现有总预算，那么，三角形就不成立，这也意味着 ESO 太小，它无法在这个行业生存[㊀]。

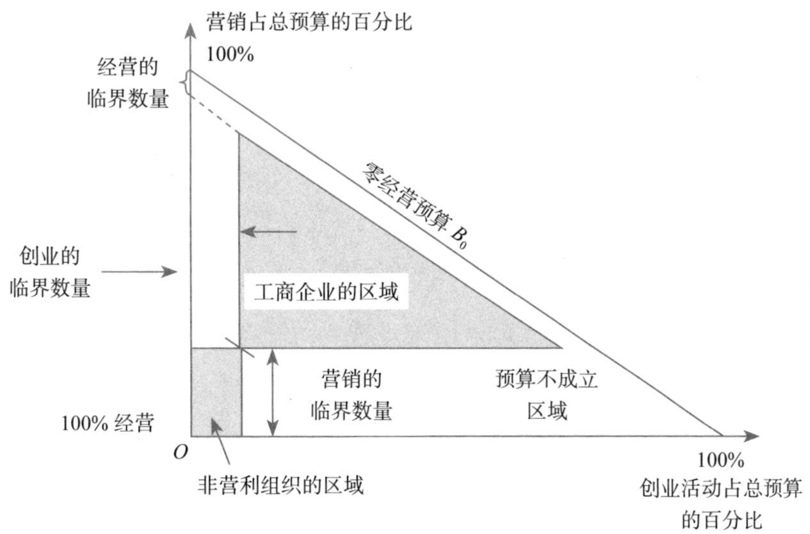

图 4-3　预算与临界数量

在可行预算区域内，存在一个能产生最优经济效果的区域。这个区域的位置取决于三种主要活动对市场成功的相对重要性。回顾工业革命时期，创业活动占据了主导性地位，因此，那时候最成功的企业预算是在三角形的右下角。而在大量生产时期，最佳区域转移到左下角，此时经营预算最大。在大规模营销时期，最佳区域又转移到左上角。后工业时代的动荡正在使成功区域向三角形的中心移动，这意味着管理层需要同时关注这三种活动。

在各个不同的时期，只有极少数的行业翘楚能占领三角形中相应部位的“成功区域”。其余的企业散布在最佳区域附近，有些强调经营，有些强调营销，还有些强调创业。

㊀ 即图 4-3 中的“预算不成立”区域。——译者注

当最佳区域转移时，有些企业迅速地调整它们的预算组合，但大多数企业通常反应滞后，使得这些企业的分布范围扩散。随着时间的推进，大多数企业会逐渐朝最佳区域靠拢，分散区域的范围会逐渐收缩。

因此，不管环境动荡是稳定的还是变化的，只有少数企业能使它们的预算分配最大化。在本书后面，我们会从几个方面解释预算行为分散化的原因。一是ESO在绩效抱负上的差异；二是对预算区域所处位置的认知不完整；三是"工作文化"上的差异。

如图4-3所示，非营利组织的行为通常在左边的矩形阴影内或附近，也就意味着其大部分预算用于经营。前文曾讨论过，这是由于非营利组织通常缺乏强烈的动机去投资营销活动和产品。但正如我们马上要讨论的那样，许多非营利组织原本就无利可图，所以，再多的营销和创业预算也无法使它们在商业上能独立生存。用图4-3的术语来说，这意味着这些行业的营销和创业的临界数量大于任何ESO可能拥有的总预算。既然如此，两条垂直线在100%这条线以外相交，没有可行区域。

假设4-5：最佳预算

每个行业在特定时间点都有一个产生最优经济效果的预算组合区域。

假设4-6：预算行为

大多数ESO达不到最佳预算。在最佳预算区域转变时期，ESO在调整它们的预算组合上通常是落后的。

第五章

环境动荡模型

“如果我们能够知道我们身在何处，正在去往何方，我们便能够更好地决定该做什么、怎样去做。

——亚伯拉罕·林肯

在第三章末，我们确定了导致环境日益动荡的四种主要因素。在上一章中，我们设计分析了四种主要因素的其中一种：战略预算。在这一章，首先，我们将设计分析另外三个因素（新颖性、速度和可预测性）。其次，我们将整合这些因素，形成一个环境动荡的衡量标准。最后，我们会说明如何使用这个衡量标准来预测 ESO 的战略行为是否会获得成功。

可预测性

环境中的每项变化都需要经历一个自然演变的过程，在此期间，相关知识亦逐渐积累。最初，人们能掌握的是关于环境动荡的大体状况，有如地震前的轰鸣。例如，20 世纪 40 年代初期，人们普遍预期电子工业会有重大突破和发展。电子工业成为人们关注和投资的焦点。在战后初期，专家们越来越清晰地认识到，半导体行业的新变化可能是突破性的来源。然而，直到 1946 年，这个突破性才变得具体化：出现了一种特殊的新型运算设备——晶体管。随着人们对半导体的运算和物理特性的深入认识，评价它对电子工业的潜在影响的可能性也随之增强。后来，受到影响的利益相关企业开始制定具体措施，要么进入半导体行业，要么抵消半导体发明带来的影响。

在这一阶段，各种反应的最大盈利后果仍不清晰。但敢于创业的和有远见的企业采取措施，期望能抢占先机——“早起的鸟儿有虫吃”。

由于晶体生长、芯片切割和杂质处理技术实现了量产化，盈利结果变得越来越清晰了。但对结果的估计仍具有不确定性，因为它们是基于推测而不是基于实际产生的绩效。随着晶体管在商业上的推广，第一批具体结果开始显现。随着这些结果逐渐扩大，当晶体管的全面影响显现时，知识发展就进入最后一步。对于有些企业，这意味着确定的市场定位和明晰的未来增长前景。对于其他企业，则意味着盈利机会的永久丧失。

表 5-1 以晶体管为例，归纳出了与环境变化相联系的知识积累（或减少无知）的典型序列状态。顶栏列出的是七个逐级增加的知识层次。左栏列出的是知识发展的各个步骤。条目“是”和“否”表示新知识是如何随着时间而积累的。

熟悉数学决策论的读者会发现，表 5-1 其实是该理论的扩展。这张表格揭示了一个通常被忽视的维度，即我们正在考虑选择的信息内涵。决策论假设信息内涵在知识状态（5），并考虑了具体事件的发生及后果的不确定。我们扩展了该理论，使“部分无知”的概念具备操作性，这一概念最早在我 1965 年出版的《公司战略》一书中提出来。

尽管所有新现象都会经历表 5-1 展示的连续的知识状态，但这种演变的速度却各不相同。关于速度的一种有用的衡量标准是时间——在每个后续的知识状态下，距离全面影响所剩余的时间。我们以图 5-1 来加以说明。顶部的虚线 *A* 代表的是过去曾重复出现的其他相同变化。例如，这可能是因汽油降价而周期出现的短期“价格战”，这已成为石油行业的常态特点。它是事件一发生就可立即识别的。因此，我们用一条横线表示它，直到实际影响开始为止。

下面的虚线 *B* 则代表了另一个极端的改变，这是以前没有出现过的变化。它是没有预兆突然产生的，不管这些 ESO 之前做出多少努力来预测它，它总是出乎 ESO 的预料。

表 5-1 关于环境变化的知识演变

知识发展的各个步骤	知识状态						
	（1）感知动荡	（2）识别来源	（3）识别影响	（4）决定应对	（5）估计后果	（6）初次影响	（7）全面影响
相信不连续即将发生	是	是	是	是	是	是	是
确定技术、市场动荡来源或社会－政治的变化	否	是	是	是	是	是	是
可以估计影响的特征、性质、严重性和时机，但受事件发生的不确定性影响	否	否	是	是	是	是	是
确定反应：确定时机、行动、计划、预算	否	否	否	是	是	是	是
反应的后果可量化，但仍受不确定性的影响	否	否	否	否	是	是	是
变化的初始影响通过运营结果显现	否	否	否	否	否	是	是
变化的全面影响显现	否	否	否	否	否	否	是

这两条虚线构成了变化发展过程的可能范围，在全面影响之前的时间 T，以所具有的对动荡的总体感觉为信号起点。利用实线，我们展示了 20 世纪的变化模式在两个极端情况之间演进的过程，以两个极端例子为界限，每条线代表经历不同时间点的典型变化过程。

时间 T（标志着变化初次变得明显的时间）的逐步缩短，与我们在第三章中讨论过的复杂性现象有关。随着重大变化更多源于以往行业边界之外，识别这些变化及其影响变得越来越困难。“石油危机”就是很好的例证，现实情况是未来的行业增长将受到限制。

不同曲线的曲率也在变化，从 20 世纪 20 年代的缓慢下降到 20 世纪 70 年代的急速弯曲，这反映了我们先前的讨论，变化从开始传播到对环境产生全面影响的速度加快了。用军事术语来说，图 5-1 显示雷达能早期检测到潜在袭击的范围在缩小，与此同时，进攻者的行动速度在加快。如该图所示，变化在逐渐加快，同时由于复杂性、环境的互相联系和越来越多的外部来源，时间 T 正在缩短。

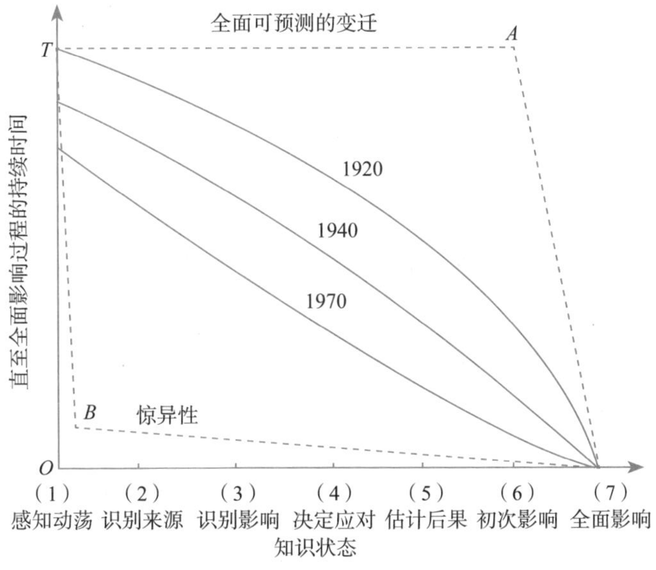

图 5-1 变化的预测性

定义

在两个变化的发展进程中，我们将能够更长时间地影响所有信息状态的那种变化，称为更具有内在可预测性的变化。

假设 5-1：逐渐降低的可预测性

在 20 世纪，环境变化的可预测性正在逐渐降低。

变化的新颖性

可预测性是否重要，取决于变化带来的影响的强度和受到影响的 ESO 对变化做出反应所需要的时间。如果影响轻微、反应快速，那么可预测性就不那么重要。ESO 可以在感到变化的全面影响之后再做出反应。在工商企业和非营利组织中，这种情况很常见，因为它们要处理的众多变化往往不会对其带来重大的“全面影响”。

但是，当变化可能带来重大后果时，预先察觉而赢得准备和行动的时间可能是重要的。其重要性取决于 ESO 需要多少时间做出有效的反应，而所需时间又取决于变化的新颖性。

定义

变化的新颖性是衡量 ESO 的能力在应对变化时不适用的程度的指标。

如果变化只是过去的重复，大多数 ESO 都已经具备应对能力。要做出有效的反应，这些 ESO 只需要足够的时间执行以往设计的响应方案。但如果变化是完全新颖的，以前的能力将毫无用处，ESO 需要花费大量时间去积聚必要的资源、培训员工、建造设施以及测试制订的新计划。新计划的实施将是它们的首次经历，相比平常那些处理起来得心应手的计划，要花费更长的时间。

因此，我们可以把 ESO 需要的全部反应时间 T_R 再分为两部分：能力建设时间 T_c 和执行时间 T_e：

$$T_R = T_c + T_e$$

对完全熟悉的变化：$T_c^f = 0$。对完全新颖的变化，能力建设时间通常比执行时间长：$T_c^n > T_e^n$，并且 $T_e^n > T_e^f$（应对新颖变化的执行时间比应对完全熟悉的变化的执行时间长）。

在图 5-2 中，我们用曲线展示了在一家企业开始对变化进行反应时，反应时间与知识状态的关系。两条实线表示两种极端情况：下方的实线是对完全熟悉的变化的反应，上方的实线描述了现有能力对变化完全不适用的情景。在这两条线的中间，我们展示了 20 世纪期间反应曲线的演进。正如我们讨论的那样，曲线向上移动的主要原因是过往的能力越来越不适用变化。但图中无法直接观察到的另一个原因是：ESO 的规模和复杂性在增长。在大型和复杂的 ESO，内在时间延迟伴随新颖性的增加而增加，因此能力开发和计划实施需要的时间也都随之增长。

如图中曲线展示的曲率所示，如果 ESO 在知识状态的早期阶段做出反应，那么它需要的时间要比在知识的后期阶段开始反应所需的时间更长。在后一种情况下，所有必要的信息都已经得到，并且反应的各个组成部分可以按有效顺序来计划和实施。如果反应在知识状态的早期阶段，那么能够采取的行动将受限于所掌握的信息。例如，如果企业在知识状态（1）阶段开始反应，它能做的所有事情就是加强对环境的一般性监测。随着新知识的获得，其他反应阶段的反应将成为可能。这种由环境决定的反应顺序，可能不如经过周密计划的、在完全了解即将发生变化的全部信息后才启动的反应有效。

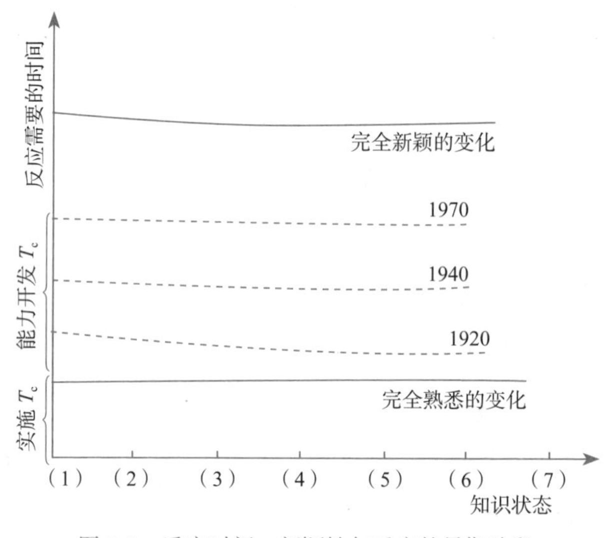

图 5-2　反应时间、新颖性与反应的早期阶段

因此，在其他条件相同的情况下，ESO 得到的忠告是采用艾森豪威尔总统曾提到的“延迟原则”，即在所有必要的信息都得到之后再做出反应。但是，正像我们在前一节已经证明的那样，其他条件并不相同。反应必须在变化带来影响前的那段时间内做出，在可预测性逐渐降低的情况下，采用“延迟原则”所需的时间很可能不够用。因此，ESO 被迫在知识发展的早期阶段就要做出反应。我们会在下一节作图说明。

假设 5-2：日益增多的新颖性

20 世纪，工商企业以往开发出的应对环境中关键变化的能力逐渐失去了适用性。因此，做出有效反应需要的时间在逐渐增加。

第二次世界大战后，非营利组织中也出现了这一现象。

动荡逐步升级

如前两节所述，20 世纪的工商企业（和 20 世纪后半叶的非营利组织）发现它们处于一个非常不利的情形，可用于应对变化的时间变得越来越短，而做出有效反应所需要的时间变得越来越长。我们把这两种趋势用一张图来表达（参见图 5-3）。虚线表示需要的反应时间逐渐增加，实线表示事件的可预测性在逐渐降低。

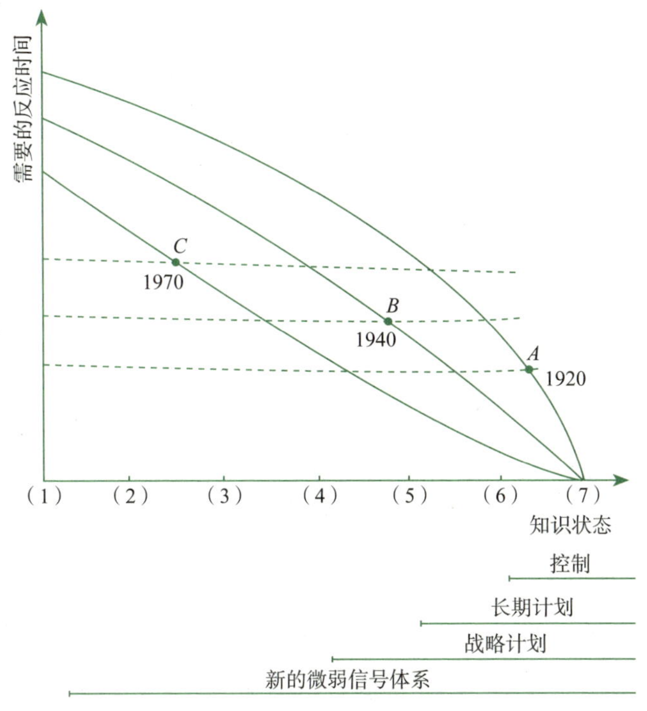

图 5-3 可预测性和新颖性之间的变换关系

同时期发生的各对曲线的交点 *A*、*B* 和 *C* 代表关键转折点：如果 ESO 在点的右边开始反应，变化给予的时间对有效反应而言是不足够的。如该图所示，历史趋势是将关键转折点逐步移至更早期的知识阶段。

随着 *A* 点逐渐转移至 *B* 点，企业面临着必须在知识状态的更早期阶段做出反应的压力。它们的初步反应是通过迅速地处理相关结果的信息，并迅速利用这些信息来缩短反应时间。建立以会计数据为基础的管理报告体系是为了实现第一个目的，而建立管理控制体系则是为了实现第二个目的。

但随着关键转折点移动到知识状态（5）和（6）之间的区域，对结果的事后核算变得不甚充分。企业不得不在产生影响前开始采取应对措施。面对这种压力，企业通过进行外推预测来获得环境信息，并利用这些信息制订长期计划。前者能够在变动处于知识状态（5）和（6）之间时捕获信息，而后者的决策机制则基于对未来的推测，而非反映过去的结果。

随着关键转折点移动到知识状态（4）和（5）之间，外推预测和长期计划应用的相关决策方法将不再适用，因为它们只在反应的结果是可以明确的情况下才有效。企业再次做出反应，采用新的非外推预测技术（在有关企业计划的文献中叫作“威胁 / 机会分析”），它在知识状态（4）和（5）之间的区域起作用。为了利用新的不完全的信息，人们发明了战略规划。

如图 5-3 所示，日益增强的环境动荡性已经将关键转折点移向了知识状态（4）之外。对今天的许多变化而言，企业只有在变化能够被察觉且具体的应对计划还未被制订出来之前，才有可能及时反应。新的决策和反应技术，例如问题分析，就是在这个时期开发出来的，它使企业可以对变化发展的初期阶段的微弱信号做出反应。对于有些变化，其关键转折点已经移出动荡感知点，即知识状态（1）了，这意味着 ESO 对这类变化做出反应难免会是迟缓的。这种类型的情形就是内在的战略意外。随着意外事件不断出现，我们预计企业可能会根据传统做法主动适应，建立意外事件管理体系。在图 5-3 的底部，我们归纳了不同体系的应用范围。

如果我们考察各个关键转折点转变的性质，可以很清楚地看到，在新颖性的不同阶段，从环境中获取所需信息的方法和处理这些信息所需的能力是离散的、互不连接的。因此，引入环境动荡程度的概念很有价值。这引申出一个关键定义。

定义

一个行业的动荡程度是该行业中 ESO 为了对环境变化做出有效的应对，而必须开始反应时所处的知识状态。

在行业演变过程中存在自然的动荡转变点。在新行业诞生初期，环境是高度动荡的，因为许多技术和竞争者为了获得支配地位和优势而相互竞争。新颖性高、可预测性低，关键转折点位于知识状态（1）和（2）之间。在第二阶段，行业在从先前动荡的日子里学到的知识中变得理性，进入快速和持续增长期，动荡程度大大下降，关键转折点处于知识状态（6）和（7）之间，环境是高度可预测的，变化是重复的。未满足的需求和可用的各种刺激都使得增长不再持续时，下一个转变出现了。最后，当刺激不再起作用时，行业便进入了缓慢增长或停滞阶段并最终衰落。

在自然演变过程中，动荡也许会因打乱自然模式的独立事件而增强。这个过程也许是渐进的，例如企业内部的权力重新分配过程。动荡的变化可能是突然的、意外的，例如晶体管的发明。

20 世纪前半叶，许多诞生于 19 世纪的主要行业顺利地进入了自然演变的第二和第三状态，没有遭遇重大干扰。

20 世纪后半叶，若任凭第一代行业自由发展，其中的许多行业会

放慢发展速度，有些甚至会接近饱和。但全球市场的开放、外国技术的侵入、政治主体的影响使动荡增加了。由新技术和新社会财富催生的第二代行业，使环境的总体动荡进一步加剧。20 世纪 70 年代初期，许多行业的关键转折点已经移向知识状态（2）和（3）。

假设 5-3：动荡逐步升级

20 世纪期间，大多数行业的动荡程度都在逐渐升级。

组织智能的演变

前面的讨论阐明了可以称为学习的行为。在逆境的压力下，企业会逐渐学会调整它们的反应机制来适应越来越动荡的环境，但并非所有的企业都是一样的。有些企业是早期新技术的先驱者，有些企业愿意甚至热衷于采用新技术。但总还有些企业抵制学习，直到它们面对生存的挑战——不学习就无法存活下去。因此我们可以说，在特定的时期、特定的行业，我们总能看到不同企业在组织智能方面存在巨大的差异。

如前所述，20 世纪前半叶，非营利 ESO 的组织学习过程非常缓慢，主要是因为它们所处的环境相对静止：可预测性高而且稳定，新颖性程度低。20 世纪 50 年代以后，随着环境开始变得“热闹”起来，非营利组织逐渐开始采用由工商企业开发的技术。

智能的历史演变使得 ESO 能够应对越来越多的与历史经验断裂的变化。大多数演变是反应性的，是对由动荡逐步升级所引发的不满意绩效的反应。但是，近年来出现了越来越多预测性学习的例子，企业试图在新的动荡对企业产生严重影响前找到应对之策。对于这种行为，有一种解释是，企业逐渐意识到改变它们的能力以适应不断变化的动荡的重要性；还有一种解释是，动荡发展得如此迅速，以致事后学习跟不上变化。

假设 5-4：组织学习

ESO 通过培育适当的反应能力，来应对可预测性下降和新颖性增加。

假设 5-5：组织智能的演变

（1）在整个 20 世纪，企业在逐步培育能力以应对与过去的经验断裂的变化。

（2）在 20 世纪后半叶，企业开始越来越多地预测新反应能力的需求。

动荡的级别

尽管动荡逐步升级的平均趋势有利于全面分析和审视环境，但它并不足以对战略行为做出分析。如前所述，在一般特性下，不同行业仍会发现自己处在不同水平。例如，在当今普遍动荡的环境中，计算机产业显然比基础化工产业更为动荡，卫生行业比教育行业更为动荡。

为了说明问题，我们提出一个动荡的图解模型。我们可用早期原子能的轨道概念类比，每当适当的推力出现时，电子会在离散轨道中改变它们的位置。

类比的基础是我们先前对促成环境动荡性的四个因素共同作用的观察。这四个因素是：战略预算水平；变化的不可预测性；变化的新

颖性；变化的频率。

如图 5-4 所示，轨道概念的图解类比有如下特点：

- 轨道代表的是动荡的独特状态。
- 轨道的半径代表战略预算水平。
- 每条轨道的振荡频率是在该动荡水平中的变化频率。
- 振幅是对在各轨道上的变化新颖性的一种度量。

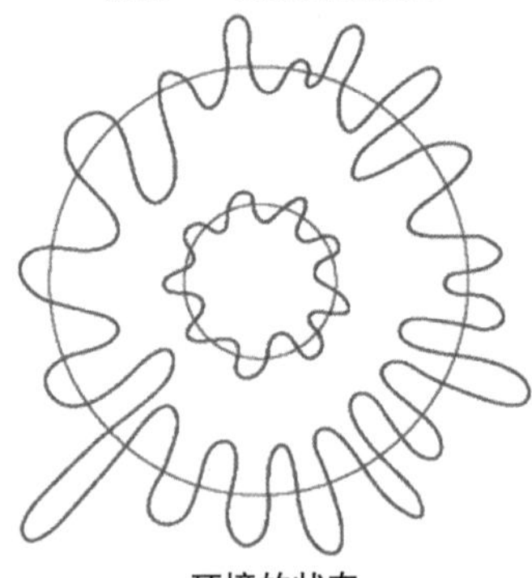

图 5-4　以轨道类比环境动荡水平

定义

在下一步的讨论中，我们将局限在下述环境状态中：

（1）稳定的动荡，环境在特定轨道上保持不变。

（2）动荡的转换，从一条轨道向另一条轨道的快速转变。

（3）动荡的偏移，从一条轨道向另一条轨道的逐渐转移。

在本书余下部分，我们会把注意力集中在讨论环境动荡的五种特定水平上，即可以反映一个行业可见动荡所能达到的起伏范围。为方便阅读，我们给每种水平起了名字，专门用来描绘各个动荡水平的图像。这些名称列于表 5-2 的顶端。一边是稳定的、完全静止的环境；另一边是创造性的环境，特点是重大技术突破或社会政治动乱。

在表 5-2 的左栏，我们列出了决定动荡水平的一些要素特性。其中，战略预算强度被定义为一个行业中的 ESO 在战略活动中的花费占总预算的百分比（在工商企业中，通常使用的一个指标是 R&D，尽管这个指标并不完美）。

可预测性的变化范围与前面的图 5-1 一致。反应时间是一种相对于行业历史的衡量标准，取决于 ESO 在特定行业中的规模、复杂性和技术强度。相较于简单的、集中度低的行业，技术强度较高的寡头垄断的行业对所有动荡程度的反应时间可能都较长。如该表所示，后面三个特性导致了各个动荡状态的离散性。

通过使用多种特性分析，我们就能找出几个共线标准来评价动荡水平，这些标准提供了有力的依据。特性共线并不意味着在任何特定行业，所有特性的价值都集中在单一列内。结果通常是一条“之”字形，但很少跨过两列的量变曲线。在行业动荡状态的轮廓上，画一条穿过其中的平均值的垂直线，这条线有助于我们定义该行业的动荡状态。

表 5-2 中的动荡级别可以用来描述商业的、政治的或补贴的环境特征。但要素的一般性使它们难以被衡量。

为了实际应用，我们为商业环境开发更具体的动荡衡量标准。它会使人想起我们以前的讨论，营销和创业活动的动荡水平不会同步变动。事实上，一项活动的动荡水平提高时，另一项活动的动荡水平就

会下降。直到 20 世纪 70 年代，这种情况才开始改变。因此，我们分别建立了创业和营销两个独立的动荡级别。参见表 5-3 和表 5-4。在特定行业中，通过判断各个特性的状态，可以诊断 ESO 所面临的动荡水平。这个步骤会得出一条并非所有项都落入一列的量变曲线。作为第二步，通过测定特性的平均值，我们可以确定环境的动荡水平。

只有当这些特性的分布相对狭窄且不在整张表中呈“之”字形时，这个过程才有用。如果表 5-2 的特性和价值适当地转变为表 5-3 和表 5-4，结论也会相同。

在过去 70 年间，尽管企业的平均动荡水平在上升，但前面的讨论已经表明，创业的、营销的动荡水平并不会一同发生，也不是所有行业的变化都步调一致。我们也提到，技术突破、市场的结构变化或政治干预可能会迅速加剧一个稳定行业的动荡，或者使一个正在成长的行业走向衰落。因此，除表中所列的顺序可单独考虑之外，环境动荡标准可以作为判断一个行业现在和未来动荡状况的工具。

战略推力

表 5-3 和表 5-4 通过总体经济和技术数据的运用来判断动荡。由于动荡主要是由行业中的 ESO 的行为引起的，另一种替代方法是观察 ESO 的战略行为。

定义

ESO 的战略推力是其战略活动随时间变化而保持一致的一组特征。在商业计划的理论文献中，战略推力是贯穿于 ESO 战略的一条共同主线或模式。

表 5-2　行业环境动荡的级别

变化的特性	稳定性的	反应性的	预测性的	探索性的	创造性的
（1）战略预算强度（总预算的 %）	低	→	→	→	高
（2）可预测性	大多数变化完全可预计	→	→	→	经常发生意外
（3）频率	低	→	→	→	高
（4）反应时间	短	→	→	→	长
（5）新颖性（过去能力的应用）	能力应用	逐渐调整	逐渐发展	现有能力的新组合	需要新能力
（6）动荡程度（成功反应需要的知识状态）	完全影响 （7）	初次影响 （6）	后果估计 （5）	反应决定或影响决定 （3）或（4）	来源识别或动荡感知 （1）或（2）
（7）应用预算技术	先例的运用	管理控制	外推法	威胁 / 机会分析或弱信号发现	弱信号发现

表 5-3　创业动荡的水平

特性	稳定性的（1）	反应性的（2）	预测性的（3）	探索性的（4）	创造性的（5）
（1）生命周期阶段	后期成长或成熟	早期成长	后期成长	兴起或衰落	衰落或兴起或转变阶段
（2）增长率	慢	增速	减速	快（±）	
（3）技术变革	慢	慢	快	增速 不连续的 普通的	不连续的 不连续的 新颖的
（4）市场结构变化	慢	中等	慢	不连续的 普通的	不连续的 新颖的
（5）社会压力	无	中等	强	非常强	强和新
（6）技术多样化	无	低	中等	高	高
（7）对成长资本的需求	低	高	中等	非常高	非常高
（8）赢利性	高	高	中等	低	低
（9）技术过时率	低	低	高	不连续的	不连续的
（10）技术强度	低	低	高	高	非常高

表 5-4　营销动荡的水平

特性	稳定性的 （1）	反应性的 （2）	预测性的 （3）	探索性的 （4）	创造性的 （5）
（1）市场结构	垄断	寡头垄断	寡头垄断	多重竞争	新进入者
（2）顾客压力	无	弱	强	非常强	态度改变
（3）增长率	慢且稳定	逐渐增加 / 稳定	下降 / 波动	快速 / 波动	不连续的
（4）行业生命周期阶段	成熟 / 下降	早期成长	后期成长	出现 / 下降	转变阶段
（5）赢利性	高	高	中等	低、	低
（6）产品差异性	无	低	中等	高	基于新技术的产品
（7）产品生命周期	长	长	短	短	短
（8）新产品的频率	非常低	低	中等	高	高新产品
（9）规模经济性	高	高	中等	低	低
（10）资本强度	高	高	中等	低	低
（11）关键成功因素	市场控制	市场份额 生产 成本	对顾客需求的反应 配送 / 物流 服务	对需求与机会的预感	新市场 – 产品 潜在需求的发现

在表 5-5 中，我们列出了创业和营销行为中五种水平的推力。如该表所示，不同创业推力之间的差异在于它们背离过去的产品 – 市场 – 技术组合的程度。不同营销推力之间的差异在于 ESO 在从事营销行为时的积极进取性。两种推力的不连续性代表与过去行为的大胆和激进的背离。

表 5-4 将推力以与类似的环境动荡水平相匹配的方式构建。更具体地说，这意味着在一个长期停留在表 5-3 中某个动荡水平的行业，大部分 ESO 将使用一个创业推力，该推力由表 5-5 上同名列所描述。同理，表 5-4 的列与表 5-5 的行是相匹配的。

表 5-5　战略推力的类型

营销＼创业		连续的			不连续的	
		稳定性的	反应性的	预测性的	探索性的	创造性的
连续的	稳定性的	固定的产品市场 使市场可购得产品	向熟悉的市场扩张 渐进式的产品改良	向相关市场扩张 基于已有技术的相关产品创新	向海外市场扩张 创新产品理念 新技术的采用	开发新市场 开创新产品 新技术的发明
	反应性的	市场份额的防御性维护				
	预测性的	市场份额的积极争夺				
不连续的	探索性的	采用新营销概念				
	创造性的	开创营销观念				

这些是与环境“同步”的 ESO，但许多 ESO 会不同程度上与环境脱节“跑偏”。我们会假设其余 ESO 的战略推力可以用连续式情形分布，如图 5-5 中的上半部分所示。该图描述了动荡水平在 *R* 层级的行业中，战略推力的分布。大多数 ESO 都采用反应性推力。一种推力与主流推力差距越远，采用它的 ESO 越少。

图 5-5 的下半部分表明经济效益（ROI）的分布，与上半部分的推力分布是一致的。图中的曲线包含三项假设。第一个假设是最大的收入不是平均行为带来的，而是略超出平均行为的战略推力带来的。这种情况通常可以在工商业中观察到，领先者抢在多数企业之前占有市场，但不会领先太远。过早进行创新而成“众矢之的”的企业往往表现较差，当然那些落后于多数的后进企业也一样。因此，第二个假设是 ESO 的推力离最优化越远，它的平均效益会越低。

第三个假设可由图 5-5 下半部分所示的特定推力的经济效益的范围来说明，图中每个点代表不同的 ESO。这是一个“剩余”假设，它认为推力和动荡之间的差异只能解释 ESO 经济效益差异的一部分。我们曾确认过一个这样的“剩余”因素，即临界数量因素 S。在下面的章节里，我们会发现其他“剩余”因素。在当下，我们用因素 K 来描述它们。我们可以把前面的假设，简化为下述公式：

$$\mathrm{ROI}_{te}=\mathrm{ROI}_{ee}\cdot\alpha_{te}\cdot S\cdot P\cdot K$$

式中，ROI_{te} 是 ESO 在推力 t 和环境动荡水平 e 下的经济效益；ROI_{ee} 是推力 e 和环境动荡水平 e 下的最大可能效益；α_{te} 是推力效益因素。

用文字来表达，该公式意指下述假设：

假设 5-6：战略推力分布

在动荡稳定的环境中，最大的 ESO 集群的战略推力会与动荡水平相匹配。但其他企业的推力或在动荡水平之上或在动荡水平之下。

假设 5-7：推力的效益

推力比动荡水平适度提前的 ESO 将获得最大经济效益。其他推力的效益将与它们离最佳点的距离成反比。

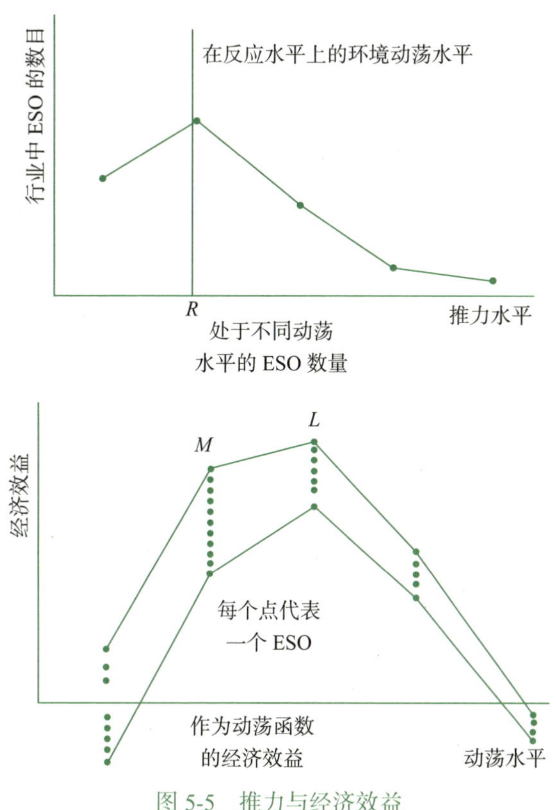

图 5-5 推力与经济效益

游戏规则的影响

在图 5-6 中，我们比较了追逐利润的工商企业与非营利机构的行为分布。上面的实线表示在营利行业可能采取的所有类型的战略推力，且大多数企业都实现了积极的经济效果。下面的短实线描述了一个典型的非营利机构，其战略行为仅限于稳定性与反应性的推力，其经济效果为负。

如我们在讨论环境依赖关系时所述，这两条曲线之间的差异来自这两类机构在社会中运作时不同的游戏规则。首先，工商企业的正向

的绩效，是由强烈的生存压力（表现不佳的ESO不能长久生存），以及企业选择其战略推力的传统自由促成的。而非营利机构则截然相反，它们的生存压力小，推力的选择通常受到严格限制。

通常人们建立非营利组织，是为了提供该组织章程中明确载明的非常具体的服务，用我们的话说，限定ESO从事稳定性的或至多是反应性的创业行为。在许多情况下，非营利机构是为社会需要的领域建立的，它不能采用营利的经营方式，因为其提供服务的成本超过了在公开市场上可获得的价格。因此，即使非营利机构有强烈的表现动机（例如，将它的补贴与绩效挂钩），即使它们的管理层被赋予完全自由的战略选择，绩效仍会是负的（参见图5-6中被称为“内在的非营利机构”的非营利机构曲线的延伸线）。

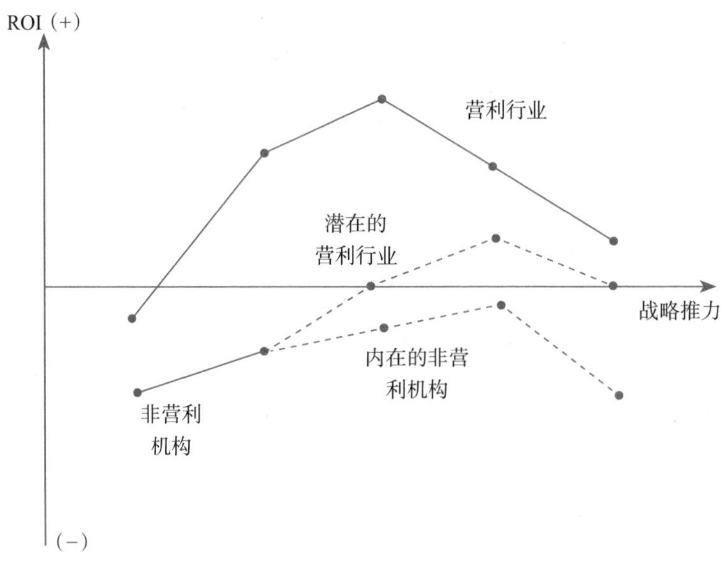

图5-6 工商企业和非营利机构的经济效益

但在某些提供社会需求的服务领域，如果解除对非营利机构战略自由的约束，它们也可能产生经济效益。例如，美国国家铁路客运公司（Amtrak）的任务是提供中等距离的客运服务，其章程要求以铁路客运为手段，使得 Amtrak 无法盈利。有几家与 Amtrak 拥有相同使命的汽车公司和支线航空公司却能够盈利。同样，和美国邮政局类似的几家邮递公司也赚得了巨额利润。

具有讽刺意味的是，在这两个例子当中，美国政府最近要求 Amtrak 和美国邮政局盈利，但并没有给予它们实现盈利所必要的战略自由。然而，我们在这本书中的目的并不是要争辩这些组织是否应该被赋予更充分的战略自由，也不是说，有了自由，这两个官僚机构就能够转变为营利单位。我们讨论的目的在于强调游戏规则的不一致，即一方面剥夺 ESO 必要的战略自由，同时又要求 ESO 盈利。

这种规则的不一致已经将有些产业从营利转变为本质上非营利。如前面的讨论所述，自从 20 世纪初期以来，越来越多的游戏规则被社会采纳。其中有些规则是为增加行业盈利能力服务的，如保护性立法。但许多规则通过限制战略行为（例如安全和汽车污染立法），或进行价格管制，或增加经营企业的成本（例如工业污染或露天开采立法），来削弱 ESO 的盈利能力。

“自由放任主义”的支持者与政府管制的支持者之间的激烈争论持续了许多年。前者争辩道：不断累积的限制会破坏自由企业的盈利能力，后者则认为“经济自由度太重要了，不能完全依赖于企业经理们来管理”。

各种政府限制在激增，但总的看来，企业在应对这些限制和继续保持盈利上表现出惊人的韧性。但是，在苏联社会主义经济中，对企业的过度限制已经造成长期的经济效益低下的状况，这是另一种极端。因此，在自由市场和苏联斯大林主义体制对企业的限制范围之间存在一个临界点，在这个点上，某类产业变成本质上无法盈利的。

游戏规则是上一节讨论的修正战略推力的盈利性的剩余因素 K 的组成部分。如果我们现在把 ROI_{ee} 重新定义为在没有政治限制的环境 e 中推力 e 的最大效益，我们可以将公式修改为：

$$\mathrm{ROI}_{te} = \mathrm{ROI}_{ee} \cdot \alpha_{te} \cdot S \cdot P \cdot R$$

式中，P 是政治性游戏规则的影响；R 是我们接下来会讨论的新的“剩余”因素。

基于前面的讨论，我们提出下面的假设：

假设 5-8：游戏规则的影响

强加于行业的游戏规则会影响到该行业中 ESO 的经济效益水平。

假设 5-9：非盈利性的理由

一个行业之所以无利可图，要么由于它服务的需求领域本身是非盈利性的，要么由于游戏规则使它无法盈利。

对最后一个假设，我们借用了彼得·布罗登（Peter Broden）提出的概念，如下。

假设 5-10：战略陷阱

每一个在“自由放任”环境下产生正经济效益的行业，都存在一种配置约束，会使该行业本质上无利可图。我们将这种配置的规则称为战略陷阱。

由于这种构造，上述公式中的因素 P 成为负数。

第六章

战 略 能 力

“先是我们塑造体制，然后是体制塑造我们。”

——温斯顿·丘吉尔

行为的开放性

在将注意力从环境转向 ESO 的内部运作时，我们会遇到两个传统模型。第一个模型源自微观经济学理论，它认为工商企业会不知疲倦地、激进地和永无止境地追求利润最大化。第二个模型为组织社会学家们所采用，他们将工商企业和非营利组织描述成顶多只会被动地反应、缺乏理性并“草率应付”各类事件的组织。在最坏的情形下，社会学家们会将 ESO 视为充满官僚主义、闭关自守、抵制变革、试图将自己与环境隔离开来的组织。

我们对战略推力的讨论表明，上述两个模型代表了两个极端，这两者之间存在着一系列行为。在讨论 ESO 的内部运作时，我们同样采用引入中间行为模型的方法，事实上，这也是一种最常用的模型。为此，我们借用了系统理论的组织开放性的概念。

定义

组织开放性是 ESO 的一个特性，它由下述因素共同决定：

（1）**信息视角**，描述 ESO 在其运营中采用的信息的前瞻性和新颖性。

（2）**行动视角**，描述 ESO 当前行动与过往经验的相似程度。

我们用实战中可观察的例子来说明信息视角的概念：

（1）**许多 ESO，无论是公营部门还是私营部门的，均依赖它们过**

去所熟知的信息。管理层采用的信息通常是没有新意的，由会计系统对过去的经营结果处理得到的，如：已实现的销售、已治疗的病人、已注册的学生，等等。人们认为日常重复性信息是可靠的，而不能解释的偏差被人们看作计算错误或暂时的偏差，而不是环境变化的信号。

（2）**还有一个 ESO 群组试图通过消除会计信息的过时性而立足于当下**。它们开发了一套快速响应信息系统，旨在减少事件与报告之间的时间差。它们还通过调查报告、经济数据等直接从环境中获取信息。但是，和前一类 ESO 一样，它们高度重视历史模型和关系。“直觉”和“经验”是这类 ESO 的两个关键词。

（3）**一大批占比在不断增长的 ESO，特别是工商企业，它们展望未来，并设法预测环境的新发展**。大多数企业企图在未来事件中找到它们熟悉的模式。它们的预测通常是外推的、典型的乐观主义，建立在一个假设之上，那就是未来世界将比过去世界更加广阔和美好。

（4）**一小部分未来导向型的 ESO 并不假定未来是过去的平滑外推**。它们会从环境中寻找可能改变未来趋势和导致不连续状态的重大变化。

（5）**还有一小部分 ESO 被称为“信息创造者”**。它们对环境的研究不是“将是什么”，而是“可以是什么”。它们寻求通过有意识的行动来创造新的事件模式。

开放性的第二个特征——行动视角，通常和信息视角相匹配：

（1）**向后看的 ESO 更青睐那些在过去曾取得成功的选择**。它们怀疑并尽量避免对过去范例的改变。“我们这里做事的方式是……”是它们的一句常用语。它们的行为旨在维持与环境的历史关系，包括过去的产品、市场、营销方式、生产技术，等等。

（2）**活在当下的 ESO 准备告别过去，前提是变化与过去的经验相**

符，并且不会有太大差异。对它们来说，尽管可以接受对过去的渐近式改变，但它们既不会主动寻求，也不欢迎这些改变。“我们准备随波逐流”是这些 ESO 的口头禅。

（3）**推断未来的 ESO 会试图预测威胁和机会。**它们对环境的态度是主动的。它们会寻找新的变化，而不是等待新的事件来改变它们。但是，这些 ESO 会运用传统的、经试验的观念和环境模型来检验其选择的正确性。可接受的方案必须是过去经验的逻辑延伸。为了认识和探究未来，许多 ESO 采用长期规划系统，它们的口号是“未雨绸缪”。

（4）**超越推断方法之外的 ESO 不仅寻求新颖的和陌生的机会，还会主动认识新环境和不连续性。**它们不会拒绝与经验相悖的事件。恰恰相反，相比于“老掉牙的做事方式”，它们更喜欢未来的新图景。仅仅靠过去经验建设的环境模型可能存在短视之嫌。它们的口号或许是“没有人是孤岛”和“行动就在那里”。

（5）**信息创造者也是行动创造者。**它们寻找尚未开发的市场，寻找尚未获得满足的需求，以及新需求与新技术并重的组合。“创造未来”是它们的座右铭。

我们用表 6-1 来概括开放性的特性。我们使用了与战略推力完全一样的表格（参见表 5-5），因为这两个概念具有镜像关联。当开放性与推力相匹配时，企业对环境的认识就能获取使推力完全有效所必需的信息。开放性低于推力会使 ESO 失去有关认识环境威胁与机会的基本信息。如后所述，开放性高于推力则会导致推力水平提高的趋势出现。

表 6-1　组织开放性的特性

特性	稳定性的	反应性的	预测性的	探索性的	创造性的
信息视角	过去	过去	未来推断	未来全球化	未来全球化
行动视角	熟知经验的重复	过去经验的渐进式改变	来自过去的可预测的新选择	熟知经验的新组合	全新的选择

浅层次地比较五种行为水平可能会让人产生这样的印象：表 6-1 右侧的开放行为是“好”的，而左侧的封闭行为是“不好”的。稳定状态很容易被认为是传统的、保守的“官僚主义”，从而成为工业文明中的一个贬义词；创业的、求新求变的创造状态则被认为是发展和成长的同义词。这些观念深植于在工业时代发展起来的社会规范，即社会优先考虑的事项是提高社会的经济福利水平，经济发展和战略进取是主流的社会价值观。

回顾这些规范可见，在过去 30 年的社会学和商学文献中倾向于用“开放”模型来指导行为，但社会的价值观和规范是不断变化的。经济发展不再是社会进步的唯一标准，新的价值观已经出现，例如，ESO 有责任提供令员工满意的、能够让他们实现自我价值的工作。对大多数人而言，生活在充满不确定性的“刀锋边缘”（这也是开放型 ESO 的典型情况）必然也是令人在心理上感到恐惧的状态。

此外，正如我们对战略推力与动荡相匹配的讨论那样，全面的开放行为只在环境动荡水平相当高的情况下才会实现最优的经济效果。正如我们所看到的，1900—1930 年间，美国经济发展主要是稳定性的 / 反应性的战略行为带来的。

因此，我们需要进一步研究决定开放性的因素和开放性如何影响绩效这一问题。开放性的决定因素有两个：ESO 的战略文化（我们将在第八章中讨论）和战略能力（我们接下来就会讨论）。

管理能力

在小型组织中，行为与可能的反应的范围取决于一两个关键人物的个人技能、知识和动机。

随着组织的成长，群组的技能、知识和价值观逐渐形成，它们不仅仅是每个参与者的个体贡献的简单相加。当组织变得越来越庞大，工作群组的数量也成倍增加，另一个能力要素也产生了，它是由群组的互动方式和互补性决定的，我们把因此产生的综合性的胜任能力称为 ESO 的组织能力。

在小型 ESO 中，管理能力的差异并不明显。随着 ESO 的成长，如果各种后勤职能在技术层面仍然未分化，那么就会形成一种基于等级制的职权关系的管理架构。经理间的区别源自他们在等级制中的级别。

在技术密集型和分化型 ESO 中，特别是制造业企业，在过去 100 多年里出现了一种不同的演化模式。在 20 世纪初，出现了一个历史性的里程碑，即职能型组织的兴起，用杜邦的话说，意思是将“同类的”职能集中在一起。这些职能包括生产、营销、研发和财务。同样，医院根据医生、护士、实验室、总务等职能进行归类。大学则根据教师所属的学科进行归类。

每种职能归类都需要经理们的特殊能力：理解底层技术，理解具体工作流程，掌握激励员工的价值观，设计工作的技能和管理工人的技能。因此，出现了一类专业经理人，他们的资格是基于管理特定职能的技能。这些经理们构成等级制的中层管理和基层管理这两个层级。

在等级制的高层，经理们承担了协调各类职能活动的任务，特别是指导与控制企业整体行为的责任。这些层次就是人们所知道的“总体管理”。

因此，管理能力可以分为职能管理能力和总体管理能力。前者用来指导和控制各项后勤职能，后者用来引导整个企业。

总体管理胜任能力

总体管理能力取决于两个因素：第一个因素我们称为胜任能力，即 ESO 能在其战略行为中发挥的技能范围；第二个因素是产能，它是 ESO 可以交付的战略工作的总量。

为了讨论胜任能力，我们按照标准流程，构造了几项与战略推力相匹配的胜任能力情景模式。这些胜任能力的情景模式概述如表 6-2 所示，它们与表 5-5 中相应名称的战略推力达成最佳效果。每个水平均由 8 个可见的组织要素来描述。

一个关键因素是解决问题的方式，包括个体技能、个人知识和群组动力。解决问题的行为之间存在差异，包括过程启动的方式、使用的分析方法以及考虑的备选方案范围。如该表所示，行为的范围涵盖了从应对已经对 ESO 产生影响的问题到预期，再到通过创新性的研究发掘出的新机会。

各种问题的解决方式在不同学科的文献中都有叙述。组织社会学家和政治学家研究了稳定性的 / 反应性的行为。其经典论述是由持社会学观点（“问题驱动”的问题解决方式）的两位学者西尔特和马奇，持政治学观点（“草率应付”）的学者林德布卢姆提供的。实际上，数学分析方法在问题解决中的运用都建立在追求最佳预期行为的假定基础上。社会学家（如西蒙）对不完整结构方法进行了研究，而心理学家则为创造性的问题解决方案做出了主要贡献。

人们在分析阶段可以发现，问题解决风格之间存在显著差异。在稳定性的状态下，备选方案逐一被考虑，并通过与过去的经验相比较以做出评价，之后在实践中进行检验。如果试验失败，ESO 会采用另一个备选方案。整个过程在获得第一次成功后结束——赫伯特 · 西蒙

（Herbert Simon）将这种问题解决的特征称为“满意原则”。

反应性问题解决通过对原因的系统分析来寻找纠正缺陷的方法，这个过程通常也要符合满意原则。

顾名思义，在预测性的状态中，人们试图预测问题。它是一个设法找到所有可能的备选方案，并在变量之间建立明确的量化关系的分析过程，人们计算出各种备选方案的可能结果，并从中选择最优方案。

在探索性的和创造性的问题解决状态中，ESO 的主要工作是分析问题的性质以及提出或创造新方案。备选方案从来都不完整，结构常常会搭错。备选方案可能只有一个，在问题非常棘手的情况下，可能有多个。人们通常使用多个不匹配的标准，测试每个备选方案后做出选择。

如表 6-2 所示，预测性的、探索性的和创造性的问题解决，通常是基于问题的逻辑进行组织的。当逻辑需要跨越组织的直线领导关系时，人们通常会选择放弃正式的组织形式，转而采用非正式的“特别工作组”或跨部门团队。相比之下，稳定性的和反应性的过程则遵循正式建立组织的等级结构。通过正式的渠道进行沟通，将问题分配给相关部门，将解决方案报告给发起人。

总体管理胜任能力的第三个关键因素，是在问题解决和后续的战略行动中运用的领导力因素。如表 6-2 中的（c）行所示，前三个能力水平需要掌握并引导社会能量沿着历史经验的路径前进的技能。探索性和创造性领导都需要更高层级的社会技能：拥有个人魅力的人才，领导 ESO 朝着未知领域探索和发展。除社会技能之外，探索性和创造性领导者也必须为他们提出的创造性方案提供实质性的建议（参见第九章战略领导力的讨论）。

表 6-2 总体管理胜任能力的图谱

项目	稳定性的	反应性的	预测性的	探索性的	创造性的
(a) 问题解决	问题激发的试错式满意原则	问题激发的诊断式满意原则	预测性的，结构化的优化	预测性的，非结构化探索	创造性的，非结构化创新
(b) 流程	遵循架构的	无	无	跟踪问题逻辑的	无
(c) 领导特征	监护性的说服	规范式的说服	成长导向型激励	魅力型创业者	创造型创业者
(d) 管理信息	历史先例	过去的绩效	基于历史趋势的未来预测	未来变化与不连续预测	可能的新未来，新排列组合构想
(e) 组织架构	职能型	职能型	分部的	跨国型，矩阵型	新合资企业，项目管理
(f) 环境监测	无	无	外推预测	趋势分析，技术–社会–人口预测	重大不连续，情景设想，未来发明
(g) 管理系统	政策与程序手册	控制，资本预算，目标管理	长期计划	战略规划，计划项目预算系统（PPBS）	合资企业管理，战略问题，分析，头脑风暴
(h) 管理科学	工作研究，设备更新，负载匹配	财务比率分析，资本投资分析	运筹学，计算机化的交易分析	并购分析，影响分析，德尔菲技术，情景假设，技术–社会–政治预测	共同研讨，创造性行为，创新行为

如（d）行所示，胜任能力的第四个关键因素是管理层可获得的信息。稳定性的 / 反应性层级的胜任能力是向后看的，而其他三个则逐渐以未来为导向。项目（d）与上一节的信息视角有明显的相似之处。我们在后面将会看到，两者在 ESO 中不一定相同：可能存在着向前看的信息系统和向后看的信息视角的管理层。

（a）、（b）、（c）和（d）行叙述的是胜任能力的非正式因素。可以借助调查和观察发现这些特性，但它们在 ESO 中并没有被明确地形式化和系统化。在过去 80 多年里，大中型 ESO，特别是工商企业，为了从事管理活动，出现了许多正式安排。如（e）和（f）行所示。

组织架构是一种被普遍采用的工作组织方法，它通过规定任务 – 职权 – 责任的角色和关系来实现。我们曾经提到的首个重要的组织概念，即职能型组织，出现于 20 世纪初。20 世纪 20 年代，工商企业开始尝试使用部门概念，第二次世界大战以后，出现了跨国架构和矩阵架构。

通常，一种架构会试图调和两种逻辑：管理活动的逻辑和后勤活动的逻辑，每种逻辑对应着不同的架构。因此，架构特性与管理胜任能力水平弱相关。例如，在石化行业中，总体管理胜任能力通常处在预测性层级水平，但由于石化加工技术的要求，组织仍然是职能化的。

因素（f）和（g）分别描述了 ESO 获得环境信息和解决管理问题的正式安排。在各自的列中显示的是目前在相应管理胜任能力水平下最先进的系统。这些系统相互之间不能替代，而是互为补充。因此，一个成熟的、拥有战略规划系统的企业，也很可能拥有完善的长期计划，管理控制，政策与程序手册。

系统与管理胜任能力之间有很强的相关性。一个已建立的并在文化上被广为接受的系统，推动着整个组织按照该系统规定的行为来行动。

表 6-2 的最后一行涉及用于改进管理问题解决的计算和分析工具。

它们描述的是在胜任能力的各个水平上成熟的工商企业通常具备的各种能力。

当几个因素的值落在同一列中，它们便形成了一组相互支持的因素向量。因此，在稳定模式中，组织问题解决会尽可能少地改变 ESO；严密的架构将问题解决活动划分和分离开来；系统是稳定的，由标准流程构成，非架构化的监督系统依靠常识和个人经验运作。随着图表从左边到右边推进，各种相对应的因素越来越灵活、更具动态性和关注环境变化，以支持越来越具有挑战性的战略推力。

（a）～（d）行描述的非正式问题的解决方式的进化，部分源于对环境动荡变化的反应，部分源于对主要经理人领导风格的反应。而（e）行和（h）行描述的管理技术的发展，则是随着经理们试图改进和使问题解决行为合乎理性而发展起来的。这是一个经历了创新、尝试和误差的过程。

上述各栏所示的管理技术是先进的工商企业中所能找到的“最新水平”。过去非营利组织的胜任能力仅限于（a）到（e）的非正式因素。今天，管理技术正在越来越多地被企业使用，并且已经开始进入非营利组织。目标管理（MBO）和计划项目预算系统（PPBS）已经成为后者最常用的技术。

在表 6-2 的各栏中，相关因素都是相辅相成的，支持某种特定的战略行为模式。如果 ESO 的战略推力长期保持稳定，各个因素会互相形成匹配。但在动荡变化的情况下，推力也在同时发生变化，导致各个因素失去平衡的情况并非罕见。例如，目前的动荡正在迫使管理层更加频繁地应对战略意外，但应对这些情况的系统还处于刚刚起步的阶段。

产生不平衡的另一个重要原因，是新的高层管理者在接管 ESO 后推行的变革。新管理层通常强调支持自身管理风格的变化，而不是转变整个胜任能力向量。我们在图 6-1 解释了这个现象，该图分析了当下著名的“麦克纳马拉效应”对美国国防部的影响。如图所示，麦克纳马拉（Mc Namara）先生继承的是一种本质上被动反应的能力，无法对环境中高度动荡的挑战做出积极的响应。然而，作为一个高度理性和敏锐的决策者，麦克纳马拉集中精力建立和推行由系统分析技术支持的复杂的管理系统。但是，国防机构胜任能力的其他关键因素仍是反应性的，这阻碍了麦克纳马拉推行探索性的和创造性的战略推力。

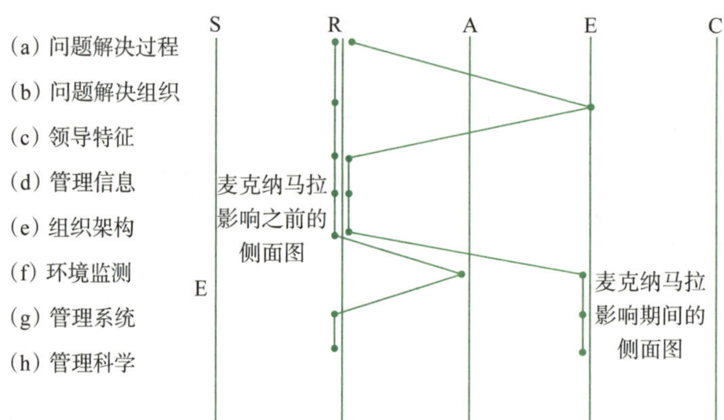

图 6-1　对美国国防部总体管理的“麦克纳马拉影响”

上述讨论建立在下述假设基础之上：

假设 6-1：推力 – 胜任能力的匹配

对于每项战略推力，存在最有效支持推力的胜任能力因素的组合。

后勤胜任能力

总体管理的战略责任是与周围的环境保持一致并做出反应，快速发现和理解变化的含义，确定采取的行动方案，并指导落实行动方案。

职能管理的战略责任是执行战略推力：建设新工厂和购置新设施、开发新产品、重新组织生产和营销流程、生产试销品并为其开发市场。这个过程涉及大量的工作接收者：包括生产工人、推销员、实验室技术员、研究人员、医生、教师、护士，等等。我们把执行这一系列复杂活动的能力称为 ESO 的后勤胜任能力。

我们观察到管理胜任能力在下述意义上是“特定的推力”：需要为每种类型的推力配置不同的因素组合；相同的“推力 – 胜任能力”匹配组合可以跨界应用于完全不同的行业。因此美国太空活动的总体管理与一家积极进取的工商企业可以是完全接近的。

战略变革的后勤胜任能力首先是“特有的技术”。因此，施乐（Xerox）的技术诀窍不能应用于一家领先的制药公司，比如霍夫曼·拉奥奇（Hoffman Laroche）公司。

但是，除了科学和技术诀窍的内容外，后勤胜任能力也是推力特有的，因为达到特定水平的推力需要后勤流程的通用组合来支撑。我们分两步说明这一点。首先，在表 6-3 中，我们列出了一个在某个 ESO 发现的诀窍、技能、知识和专门设施的通用列表。这张表以制造业企业为基础（并使用其语言），因为制造业拥有最丰富的后勤要素。不过，排除不适用的项目和改变某些术语的说法后，表 6-3 可以用来描述任何 ESO 的后勤流程。

我们用表 6-4 来说明第二步，实现一般战略推力所需要的特定胜任能力概况。如该表所示，在“封闭”状态下，关键胜任能力是运营，因为营销和创业尚在基础阶段，也不是成功的必要条件（我们想起前面提到的亨利·福特一世的那句话：“只要给了他们黑色的 T 型车，就等于卖给了他们任何颜色的小汽车。”）营销这一胜任能力是预测性推力的主要流程。创业是探索性和创造性 ESO 的关键流程。

我们再次强调表6-4的各列代表了一种均衡的能力配置，它为相应的战略推力提供了最佳支持。与总体管理胜任能力一样，我们也经常会遇到后勤胜任能力配置失衡的情况。

表6-3　后勤胜任能力的特征

因素 \ 工作类型	经营	营销	创业
管理	工作管理 工会－管理关系 生产管理 生产控制 财务计划与控制 生产计划 工作研究 投资分析 预算与控制系统设计 绩效诊断 工厂布局与设计	长期计划 推销与广告宣传计划 推销员部署 销售分析 推销员管理 竞争分析 预测 成长融资	战略规划 项目管理 创造性工作管理 研发计划 合资企业管理 计划系统设计 影响分析 趋势分析 投资风险分析
技术	工厂① 库存① 配送设备① 机器和设备 生产诀窍 流程诀窍 配送技能	销售 促销 广告宣传 推销 顾客融资	实验室① 研发与开发① 设备① 研究技能 开发技能

①　表示资本投资项目。

表6-4　后勤胜任能力图谱

职能 \ 战略推力水平	稳定性的	反应性的	预测性的	探索性的	创造性的
关键管理职能	运营	运营	营销	创业	创业
创业	流程改进	产品改进	新产品/流程	技术改造	新技术开发
运营	重复运营	复杂运营控制	运营扩展	新技术的整合	技术革新
营销	产品配送	推销	推销/广告	新营销观念	新合资企业
财务	会计	财务控制	财务计划 资本投资	成长融资	重大新风险管理

假设 6-2：后勤胜任能力和战略能力

某种后勤胜任能力组合在支持战略推力上的有效性取决于：

（1）后勤胜任能力组合与推力的匹配。

（2）ESO 现有技术的质量以及它与市场需要的关联性。

战略产能

后勤胜任能力和总体管理胜任能力决定了 ESO 战略工作的质量。但是，一项杰出的却微不足道的能力与重要的但不相关的能力一样，都是不充分的。因此我们接下来需要讨论的是潜在的工作数量问题。

过去，几乎没有对总体管理的产能进行度量的研究。部分原因是总体管理能力的神秘感，人们认为总体管理是无法体系化，亦不可被衡量的一种无形的、难以理解的、创业性的活动。对管理能力缺乏兴趣部分是由于最小管理原则的存在。这个原则是 20 世纪中期横扫美国工业界的管理职权分散浪潮下的产物。这也引起了通用电气公司的拉尔夫·科迪纳（Ralph Cordiner）和沃尔特·斯米迪（Walter Smiddy）的关注，他们将这个原则表述为，总体管理应当尽可能地将大多数工作委派给运营层。结果是，总体管理群组的小规模成为评判总体管理质量的标准。

这个原则的提出在当时是有根据的，因为那个时代的环境动荡水平相对较低，战略工作量较少，可以交给基层管理者去处理。他们可以同时处理日常工作和战略工作。随着环境变得越来越动荡，战略工作的量级和重要性都提高了，随之而来的是总体管理规模的扩大。以今天的通用电气公司为例，总体管理群组的规模相当庞大，他们将注意力全部用于战略工作。在其他大公司中，我们也看到一个明显的趋势，它们正在重新集中一些重要的战略责任（特别是那些与企业全面战

略平衡有关的责任）。

在后勤胜任能力的构成要素中，最难衡量的是研发活动的产能。一般来说，工商企业习惯的做法是把过去一年的销售收入的一定比例作为下一年的研发预算。但这种做法通常不能令人满意，因为它存在明显的不合理之处：在销售下滑的时期，研发预算就被削减，但这恰恰是研发预算需要增加的时期！

相比之下，营销能力的估计要稍微容易些。它可通过销售队伍的人数和市场覆盖范围的大小来测算。

衡量后勤产能最有效的指标是运营活动，因为这些衡量技术现成可用，例如，按生产能力计划产出量的多少来测算厂房、设备和人员的规模。

假设 6-3：组织的产能

支持 ESO 战略工作所需的组织产能与下述因素成比例关系：

（1）战略推力的水平。

（2）战略预算的规模。

战略能力的动力

现在我们可以定义战略能力了。

定义

战略能力是衡量 ESO 支持特定推力的有效性的一种标准。它取决于：

（1）总体管理胜任能力的配置和产能。

（2）后勤胜任能力的配置和产能。

（3）ESO 的技术的范围和质量。

当胜任能力的构成要素与战略推力相匹配时，当产能与战略预算适当匹配时，当最能满足市场需求的技术亦可获得时，战略能力是最优的。

根据上述分析，ESO 的战略能力通常不是最优的。这可能是管理能力和后勤产能不匹配的结果，出现这种情况的原因是：最小管理原则的传统阻止 ESO 建立足够的管理产能，以至于 ESO 的后勤产能超过了总体管理产能。此外，战略能力不能达到最优也可能是因为胜任能力构成要素之间的不匹配，或者 ESO 的技术已经过时。

在其他情况下，整体的能力向量不是最优，因为 ESO 不能及时地适应已改变了的战略推力。钱德勒在其重要著作《战略与结构》中对这种滞后现象进行了深入分析。钱德勒认为在 20 世纪上半叶，ESO 对环境动荡的改变的适应遵循一个典型的模式。首先，环境动荡水平发生改变，接下来发生的是战略推力的调整，两者之间存在时间滞后。需要经过一段时间的滞后，战略能力的变化才发生。

能力的变化通常是无计划的和碎片化的。第一步通常是架构改革，当改革的结果不奏效时，胜任能力组合中的其他构成要素的变革才相继发生：信息变革、问题解决技能变革、领导风格变革，等等。

钱德勒的研究表明，这种序列化和碎片化的方式是缓慢而低效的。事实上，速度如此之慢，以至于行动迟缓的企业还没有完成之前的适应，就要对环境动荡的新变化进行一次新的适应了。因此，如图 6-2 中曲线 *A* 所示，在 20 世纪上半叶，许多企业的环境、推力和能力长期没有保持一致。

第二次世界大战后，这种模式开始发生转变。正如我们在第五章讨论的那样，组织智能水平快速提高。受到商学院的影响，大量图书、期刊以及管理研讨会的数量增多，管理技术得到普及。这加速了由先

锋企业开发的先进管理技术的传播。那些将工程学、物理学、数学和经济学运用于管理学研究的学者们也开始发明新技术。这些新技术成为一种地位象征，被看作良好管理的代名词。

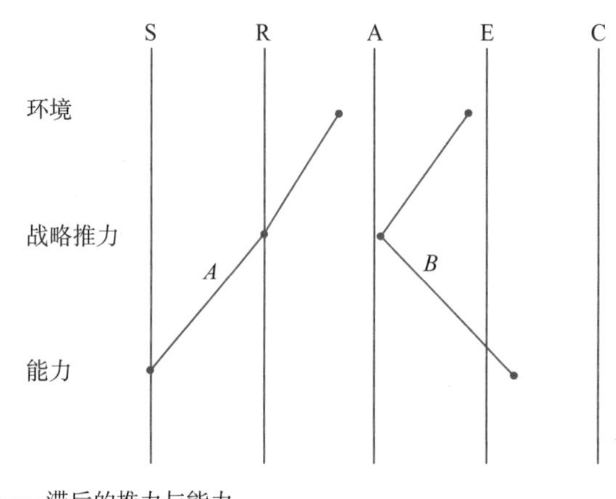

A——滞后的推力与能力

B——滞后的能力，滞后的推力

图 6-2　ESO 的调整与环境[⊖]

结果是，越来越多的工商企业在面对新的环境动荡时，开始寻求新的系统和新的架构（如计算机技术）作为应对困难的初步措施。例如，20 世纪 50 年代，工商企业和联邦政府都将长远规划和战略规划技术作为应对动荡的神奇办法。20 世纪 60 年代末期，医院和大学也加入这一潮流。

因此，钱德勒模型的顺序开始反转。ESO 不再从适应战略推力开始，而是从适应能力开始。这样，如图 6-2 中 *B* 曲线的方式所示，环境 – 推力 – 能力的不平衡得以逆转。

但是，和过去一样，新的解决办法仍以碎片化的方式提出。例如，

⊖ 图中的 S，R，A，E，C 分别表示稳定性的、反应性的、预测性的、探索性的、创造性的。——译者注

在缺乏适当的环境监视系统或者没有对经理进行新的问题解决方法培训的情况下，企业开发了长期计划系统。结果造成双重失衡：首先是战略推力和系统之间的不平衡，其次是系统和其他能力构成要素之间的不平衡。

新工具通常让那些不了解它们、不知道如何使用它们的经理们感到威胁，因为他们觉得这些工具暴露了自己能力的不足。如果高层管理班子长期坚持新系统，会迫使经理们接受新工具，那么其他能力构成要素就会被开发出来以支持新的系统，而新的能力产生新的战略推力。因此钱德勒模型的顺序发生调整，成为“结构推动战略”。

但是，如果管理层的支持过早减弱，在许多情况下，会导致系统萎缩到过去战略推力的水平。这种情况在试图将战略规划引入工商企业和将 PPBS 引入政府组织的努力中发生过无数次。在前一种情况下，通常会倒退回长期计划，而在后一种情况下，则会退回到预算。后者出现的一个戏剧性的例子是美国国防部在一位叫麦克纳马拉的先生离职后的情景。

在其他情况下，即使高层管理的支持减弱，新技术仍然存在，但它已经脱离了 ESO 的现有工作。在许多企业中，长期计划变成“年度最折磨人的工作”，对计划期以外的战略工作的影响微乎其微。在许多企业中，管理科学人员继续开发着新的数学模型，但管理层却不予重视。

尽管有诸多缺点，但“战略—结构”顺序的逆转仍是一个重要的历史里程碑。如第五章所述，组织应对挑战的时间正在变短。“结构—战略”的顺序减少了应对所需要的时间，从而使 ESO 做好应对日益减少的可预测性的准备。我们可以有把握地预计，未来 ESO 会在环境变化之前，拥有越来越有效地建立灵活变通的战略能力。

假设 6-4：钱德勒模型顺序的反转

（1）时至今日，稳定性/反应性模式在大多数 ESO 中仍然起作用，战略推力跟随动荡的变化进行调整。而能力的调整则“跟随”在推力之后。

（2）在未来，通过战略规划，ESO 会越来越快地消除环境 – 推力滞后，并且也会逆转推力—能力的顺序。

战略绩效潜能模型

我们现在可以把影响 ESO 经济效益的关键变量放在一起讨论了。我们在第五章提出了环境动荡与战略推力之间关系的假设。从本质上讲，这些假设表明：针对每个战略推力，环境中都存在相应的实现最大化经济效益的可能性。因此：

（1）当 ESO 的推力与环境的平均水平相匹配时（即 ESO 的行为类似于大多数企业），其最大化潜能将位于图 5-5 中的 *M* 点。

（2）当 ESO 表现得更加积极进取，但又没有超过环境动荡水平时，它就可以成为行业中最成功的 ESO 之一（处于图 5-5 中的 *L* 点）。

我们再回顾一下上面提到的“潜能”一词的含义。如前所述，战略活动“会带来销售额”，但这些潜在的销售额并不一定能够通过运营活动实现。

在本章，我们首先把行为的开放性确定为战略推力的内部对应因素。我们进一步假设战略推力的有效性是由 ESO 的推力与战略胜任能力之间的匹配程度决定的。当胜任能力与推力匹配时，ESO 的特定推力在环境中有获得最优 ROI 的机会。当两者不匹配时，推力的有效性会与不匹配程度成比例减少。

我们用表 6-5 中的胜任能力有效性系数来说明这个现象。这些有效性系数的值是根据主观判断得出的，不能视为实证研究的结果。如该表所示，当推力和胜任能力匹配时，其有效性系数是 1。不匹配程度越大，有效性系数就越小。实际上，我们假设在匹配度差距足够大时，使用不恰当的胜任能力会使推力完全无效。我们可以看到，在第一行出现了这种情况。在稳定性阶段，使用胜任能力会导致预测性的战略推力的有效性为零，并导致探索性与创造性行为的有效性为负数，这正是官僚体系阻挠和歪曲领导层努力的案例。例如，古巴导弹危机期间，美国军方阻挠了肯尼迪总统下令从土耳其撤出威慑性导弹的命令。

表 6-5 与战略推力相应的胜任能力有效性系数（β_{ct}）

战略推力 / 战略胜任能力	S	R	A	I	C
S	1	0.5	0	−1.0	−1.5
R	0.5	1	0.5	0	−1.0
A	0	0.5	1	0.5	0
I	−1	0	0.5	1	0.5
C	−1.5	−1.0	0	0.5	1

我们也注意到，反向的不匹配同样不能令人满意，如第一列所示。这方面的例子是我们早先提到的，积极进取的集团公司经理们无法管理保守的子公司，后者的战略推力是稳定性的和反应性的。

我们把表 6-5 中的有效性系数称为 β_{ct}，其中 c 表示胜任能力（competence）的水平，t 表示 ESO 的战略推力（thrust）的水平。为了简化讨论，我们把总体管理胜任能力和后勤胜任能力结合在一起，用 β_{ct} 表示。在实践应用时，二者可以分开处理。

在前文中，我们讨论了产能对战略推力有效性的影响。我们建立了一个比率模型 C/B 来描述这种影响，其中 C 是 ESO 的产能，可以用

有效花费最大金额来衡量；B 表示战略预算。

让我们回顾一下，我们在第五章讨论过ESO的战略推力的有效性，与环境中可能存在的潜力、社会–政治限制和临界数量的关系。这些关系是：

$$\text{ROI}_{te}=\text{ROI}_{ee}\cdot\alpha_{te}\cdot P\cdot S\cdot R$$

式中，ROI_{ee} 是推力 e 和环境动荡水平 e 下的最大可能效益；α_{te} 是推力 t 的可能收益与推力 e 的可能收益的比率；ROI_{te} 是ESO在推力 t 和环境动荡水平 e 下的投资收益；P 是政治限制在环境中的有效性系数；S 是临界数量在环境中的有效性系数；R 是剩余尚没有被解释的因素的作用。

根据上述讨论，现在我们可以把函数 R 表述为：

$$R_{ct}=\beta_{ct}\cdot\frac{C}{B}$$

式中，R_{ct} 是ESO能力水平 c 在推力水平 t 时的应用性。

把 R_{ct} 代入前面的公式，我们得到：

$$\text{ROI}_{tec}=\gamma\cdot|\text{ROI}_{ee}|\cdot|\alpha_{te}|\cdot|P|\cdot|S|\cdot|\beta_{ct}|\cdot\frac{C}{B}$$

式中，如果 γ 后面所有项的符号都是正的，那么 $\gamma=1$；如果其中一项或几项是负的，那么 $\gamma=-1$。

（对于不熟悉数学的读者，公式中的竖线表示我们取其绝对值，不论其正负，以得到乘积，然后根据 γ 的值确定乘积为正数或者负数。）

上述公式主要是为了阐述决定ESO战略潜能的主要因素。我们要注意符号下标的变化，它们表明潜能取决于推力 t、环境动荡水平 e 和胜任能力 c。如果要计算 ROI_{tec}，我们估计这个公式会更为复杂。

对于偏爱文字叙述的读者，我们可以用下述文字假设来陈述上面的结论：

假设 6-5：最佳推力

在每个行业中，都存在一种战略推力，能够产生最佳效果。

假设 6-6：对推力有效性的限制

在每个行业中，对于每种战略推力，都有一种最大可能达到的战略潜能。

假设 6-7：推力和能力的匹配

针对每种战略推力，都有一种对应的能力水平，可以提供最有效的支持。

假设 6-8：战略绩效潜能

环境中 ESO 的潜在经济效益由下列因素共同决定：

（1）环境动荡水平与战略推力之间的匹配。

（2）战略推力与战略胜任能力之间的匹配。

（3）战略预算的规模（与临界数量相比）。

（4）对 ESO 行为自由的社会－政治限制强度。

（5）为战略预算的有效支出而开发的产能的充足性。

假设 6-9：ESO 行为的非理性

大多数 ESO 既不能选择最佳推力，也不能以最优的能力支持它们的推力。

上述公式和假设阐明了 ESO 行为的经济非理性。需要记住的是，

在 $t=e+1$ 时，有效性系数 α_{te} 达到最大值，此时的 ESO 在行业中是积极进取的，但也没有充当“过于激进”的领导者。然而，行业中只有较少的 ESO 选择了 $e+1$ 的战略推力水平。因此，经济学理论上认为的企业追求最大潜能的假设不成立。我们需要其他假设取代这个假设来解释 ESO 为什么选择、如何选择它们的特定推力。它是我们从第七章开始要完成的任务。

STRATEGIC
MANAGEMENT

第七章

权　力

“战争大事，岂可交与将军们去处理。”

——克莱蒙梭

权力结构的演变

我们将注意力从特定战略行为的有效性转移到这种行为被选择的方式上。个人和群体都会通过反应其偏好的过程来做出选择。选择不仅取决于这些偏好是什么，而且取决于它们如何影响组织。我们首先讨论战略行为的第二个方面：权力的运用。

定义

我们将权力定义为个人或群体对 ESO 战略行为的各个方面产生影响的能力。

权力影响 ESO 追求的绩效水平、它选择的行为水平，以及它改变行为水平的过程。

在过去的 100 年里，影响 ESO 行为的代理人的角色和数量发生了变化。最初，工商企业的全权管理人是经理兼所有者。随着公司的成长及其复杂性的增长，管理权与所有权分离。所有人继续持有股份，但职业经理人们接手企业的管理。起初经理们听命于所有者，但随着股东人数变得更多，出现了信息不对称，企业越来越缺乏凝聚力，高层管理者逐渐获得了对战略行为的控制权。

ESO 的规模和复杂性的继续增长，加上社会环境的变化，使得高层管理者的权力逐渐减弱。中层和基层管理队伍人数在不断增多，他们拥有自身的专业技能，也不再受总经理的直接监督，变得越来越难控制。越来越多的经验证明，当这些经理被赋予完全权力和相应的责任领域时，他们的积极性和效率更高。这些因素导致权力逐渐下放到中层和基层管理者的手中。

与此同时，股东们的权力被进一步削弱。尽管管理层仍在冠冕堂皇地宣称为股东利益服务，但他们实际控制了企业的财政大权。只有在管理层经营不善引发企业生存危机时，股东们才会重新发挥作用。

从 20 世纪中叶起，包括蓝领和白领在内的工作者们开始获得更多的权力。对于白领工人而言，这是通过专业的、非管理人员的技术知识积累实现的，而他们掌握的专有技术是 ESO 成功的关键。在某些大型且技术复杂的企业中，这种权力的逐步积累导致“技术官僚”和中层管理者几乎完全掌握了权力，而总体管理者的影响力被削弱，高层管理者沦为了橡皮图章式的礼仪型角色。

由“蓝领”工作者享有的权力发生在两个层面：工作场所层面，工人们越来越多地参与工作条件和工作内容的决策；总体管理层面，工人们在战略决策过程中行动起来，保护和改善他们的利益。

管理权力的稀释是大西洋两岸的共同现象。然而，有趣的是，我们可以观察到，不同地区在刺激因素上存在一些差异。在美国，工人参与管理的趋势是由“参与其中的才是快乐的和有效率的工人”这一认识发展而来的。工商企业资助各种各样的“职务丰富化”研究和试验，并在工作场所推行成功的做法。

在美国，对总体管理战略权力的限制大部分来自外部立法和社会压力，旨在遏制社会“污染”的行为。这类压力大多数要求限制和引导战略行为（例如，汽车安全和防止污染立法）。但是，越来越多的声音呼吁恢复股东权力、增加问责和信息的透明度、重新定义企业在社会中存在的条款与条件（例如公司章程法的修正）。

除了一些特例，如瑞典的“沃尔沃试验”，在欧洲，工人参与管理是由于来自工会和政府的政治压力。与美国不同，这些压力并没有从外部限制企业的战略自由，而是促使非管理群体直接参与战略决策过程。不同国家采用的手段各有不同，有的国家实行企业国有化，有的国家则允许公众和工人代表进入董事会，还有一些国家采取强制咨询法的条款。

因此，在如今典型的工商企业中，权力在多个利益相关方之间分配：股东、外部的政治和社会群体、总体管理层、中基层管理层、白领和蓝领工作者。这种权力结构的复杂性与典型的非营利组织非常接近，后者的总体管理层并不占主导地位，而技术官僚却非常有影响力。虽然非营利组织中没有股东，但它们需要向不同的公民委员会、对补贴发放机构和合法化机构负责。事实上，大多数非营利组织的战略行为要么是“自下而上”决定的，要么由组织外部因素决定。

权力动态模型

在图 7-1 的右上部分我们描述了，在椭圆形内部，战略决策受权力的影响；在椭圆形外部，战略决策受行使权力的代理人的影响。在该模型中，我们把白领工人和蓝领工人都视为技术官僚。

在左上方部分，我们列出了对其他人施加影响的个体和群体的主要权力来源。前两个因素通常掌握在外部代理人手中，他们通过法律或社会压力影响内部行为。第 3 个因素即资源 / 知识，适用于 ESO 内部和外部的大多数代理人，他们对 ESO 的战略工作的所需资源拥有法定的或事实上的控制。因素 4“工作提供 / 拒绝”和因素 5“奖励 / 惩罚”都是传统管理权力的主要来源，但现在正在被社会合约、最低收入和就业保障逐渐削弱。

权力来源的控制因素

1. 法律
2. 社会规范
3. 资源 / 知识
4. 工作提供 / 拒绝
5. 奖励 / 惩罚
6. 魅力
7. 抑制行为
8. 开始 / 停止行动

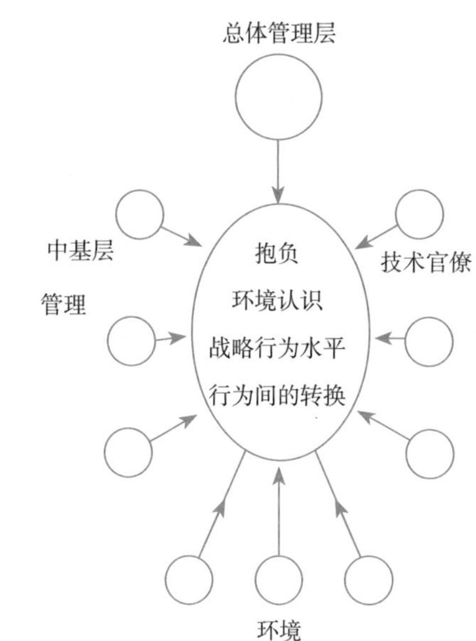

权力集团 权力结构	环境	总体管理层	中基层管理	技术官僚
独裁的	1,2	3,4,5,6,8	—	—
分权的	1,2	3,4,5,6,8	3,4,5,8	3,7
分散的	1,2,4,5	3,4,5,6,8	3,4,5,7,8	3,7,8

图 7-1 权力结构模型

管理权力的另一个传统来源——魅力，是一种个人特质，它使某些个人有能力说服组织中的其他人改变行为，朝着新的、从无涉猎的方向发展。这些出类拔萃的个体通过他们的说服技能、激励他人的能力和为他人带来信心的方式来发挥影响。

当个体能够获取免于失业和因不良绩效而受惩罚的安全保障时，他就获得了不用努力的权力。这种类型的权力在非营利组织中更明显，那里的工作保障和奖惩是和资历而不是绩效挂钩的。此外，即使在没有其他权力来源时，那些可以控制组织活动开始或停止的代理人就掌握了战略活动的大权。

权力行使取决于其在各种代理人中间的分配。在图 7-1 的下方，我们提出了三种基本类型的权力分布：独裁的、分权的和分散的，涵盖了所有可观察的清晰的权力结构范围。在该表格的上方，我们列出了各个权力群体，矩阵中的项目则表示各个权力群体现有的权力来源。

如各条目所示，在独裁式结构中，除了外部代理人决定 ESO 的明确的权力外，权力属于总体管理层。而在分权式结构下，中基层管理者获得了相当一部分的权力。总体管理层仍旧保留决定 ESO 战略进程的权力，但技术官僚也具有足够的权力干扰战略的实施，例如他们可能不提供专业知识和努力。

在分散式权力结构中，技术官僚获得了组织工作的决定权，特别是当 ESO 是大型复杂组织时，技术官僚可能会主导战略行为。在分散式权力结构中，工作保障和奖惩的控制通常由环境来决定，因此出现了第四个发挥影响的权力中心。政府服务、工会资质规则、最低工资立法和工会合同法都是例子。

今天，美国的大多数企业都采用分权式结构，少数企业采用分散式权力结构。欧洲的许多国家已经采取措施来推动权力结构向分散式权力结构转变。这是否会在美国发生仍然是一个悬而未决的问题，尽管加强管理层的问责制、增加对公众的信息披露、恢复股东权力以及修改公司章程法律等压力，看起来都指向了同一个方向。

非营利组织中独裁权的情况通常发生在战争期间，或者需要紧迫完成国家重点项目（例如“人造地球卫星危机”）时。大多数非营利组织的权力结构，要么采取高度分权式结构，要么采取分散式权力结构（前者通常出现在工会力量强大的情况下，或者是由具有独特的共同意识形态的专业人员组成的强大联盟）。

为了说明在权力结构内的权力行使，我们采用了三个有代表性的过程。

第一个是强制性的权力过程，一个起主导作用的群组的偏好决定了战略选择。

第二个是战略行动的民主集中制选择。当几个权力中心对组织目的拥有共同的构想，即一种共同的意识形态，但对如何最好地实现组织目的有不同的看法时，通常就会出现这种情况。例如，在一家工商企业中，所有的职能部门（运营、营销、研发）都有着对盈利这一共同目标的信念，但每个职能部门都会试图影响 ESO 采用不同的战略行为。

在民主集中制权力过程中，各个权力中心提出的战略规划建议通常以其为共同目标做出的贡献为基础。在管理精细化的企业时，它们通常将战略选择过程划分为两个连贯的步骤。第一步是以目标的形式明确说明企业的共同目的，第二步是根据目标来测试行动建议。如果测试结果详尽具体并且可以量化，第二步就可称为理性的选择，权力过程就仅限于第一步。

第三个权力过程是谈判。这种情况通常发生在对组织的基本目的有多种理解的时候。例如，在一家工商企业中，高层和中层经理们通常认为企业的主要目的是赚钱，但接受工作的技术官僚们通常认为企业的目的是最大限度地提高工作的保障性和雇员工资。在谈判过程中，各个权力中心的抱负是不可讨价还价的，因为它们源于不同的意识形态。谈判的重点集中在行动方案上。谈判过程是互相迁就的过程，即寻找各利益方都可以接受的方案。各方最终的满意程度与其拥有的相对权力成正比。

在表 7-1 中，我们将权力结构和过程结合在一起。左上方的交叉影线方格代表一种典型情况，即拥有独裁权的群组或个体不愿将权力下放。在同一行中，单影线方格表示在独裁式权力结构（尽管不常使用）下其他可行的方案。中间的交叉影线方格表示的是历史情形，即

企业管理层不承认技术官僚的权力。中间一行右边的单影线方格显示了企业发展的趋势，即中层管理干部专业化、管理层工会的形成以及技术官僚权力的逐渐扩大，这也推动了谈判行为的盛行。最后一行右边的交叉影线方格表示正常情况下典型的权力分散情况。如该表所示，当 ESO 遇到危机时，管理行为通常会转向独裁模式。

表 7-1　权力结构与过程

权力结构 \ 权力过程	强制的	同意的	谈判的
独裁式（企业）	正常状况	可能的	可能的
民主集中制（企业，非营利组织）	危机状况	正常状况	可能的
分散式（非营利组织，未来的企业）	危机状况	不可能的	正常状况

这样，权力结构限制了政治过程的范围，反过来，政治过程也限制了战略行为的范围。在强制性行为中，备选方案仅仅需要满足占支配地位的权力群体的一种偏好。而在民主集中制行为中，则需要考虑多个不同权力群体偏好对选择的影响，因此，它限制了可接受方案的范围。例如，在生产部门主导的企业，新产品计划仅需满足可生产性的标准（低生产成本，采用现有技术）；在一家营销和生产部门都有影响力的企业，新的产品建议必须既要满足可生产性的标准，又要满足可营销的需要。强制性的政治行为要比民主集中制行为更快速和果断，因为在磋商和谈判上花费的时间比较少。

依此而论，民主集中制行为要比谈判行为更快，提供选择的空间也更大。对于谈判来说，选择方案必须满足相互冲突的意识形态标准，这会大大缩小可接受的选择范围。因此，在上述例子中，营销部门与生产部门之间的差异，是对达到共同盈利目标的最佳方法做出不同解释的结果，然而，在“工人权力”主导的企业中，工作接受者与工作提供者的基本目标存在直接冲突。前者倾向于在产品中增加劳动力投入以提供工作保障；而后者为了满足盈利目标追求劳动成本的最小化。

在谈判过程中，战略行动的速度和果断性是最低的，因为旷日持久的谈判往往牵涉具有不同利益冲突的权力群组。此外，连续的战略行动在逻辑上可能是不协调的，因为它们反映了权力地位的变化，并且是为寻求回报而做出谈判让步的结果。

重要的是，我们要认识到，特定权力过程虽会限制，但不一定会决定战略行为的进取程度。战略领导力的质量也是一个关键因素，我们会在后面详细讨论。一个典型的缺乏进取性的战略领导力的例子，是在蒙哥马利·沃德公司（Montgomery Ward Company）中独断专行的休厄尔·埃弗里（Sewell Avery）。埃弗里先生固执地拒绝承认零售企业发生了重要变革的迹象，并坚持最大限度地提高企业流动性的保守战略，结果导致蒙哥马利·沃德公司几乎丧失了它在零售业的地位。

当从强制性行为转向谈判性行为，备选方案的范围随之逐步缩小，其实际后果是减少了战略行动潜在的进攻性，强制性的管理班子也许不会选择大胆行动，但一旦它这样做，它会比谈判性环境下的管理者更有行动力、转变更迅速，因为在谈判状态下，选择被迫限制在达成最少共识的范围内。

如第一章所述，我们把权力视为外在变量，我们通常不关注特定权力配置形成的机制或者权力如何转移。但是，在某种重要情况下，战略行动和权力转移紧密相关。当ESO遭遇生存危机时，各种权力派系通常都会放弃追求其群组利益，联合起来共同寻找生存办法。

这种生存办法通常在领导层寻找答案。前任领导信誉扫地，其权力被收回。人们开始搜寻能够拯救ESO的个人或群组。如果这样的“救世主”在组织里找不到，就会从外部引进并授予其高度的自主权，领导ESO渡过危机。如我们后面将要讨论的那样，这种自愿的政治妥

协通常只会出现在ESO感到危机来临的时候。一旦这种感觉消失，各种权力中心就开始重新彰显自己的权威。

上述讨论可以用如下几个假设来概括：

假设7-1：战略选择的性质

战略选择是群组和个体间相互作用的结果，它们有独特的偏好，并拥有支持这些偏好的权力。

假设7-2：战略选择过程

选择的机制取决于权力结构和权力群组的偏好差异：

当权力集中于一个群组，选择很可能仅仅基于这个群组的偏好。

当权力分散于管理层时，选择很可能基于对企业共同目标不同解释的平衡。

当权力分散在管理层和技术官僚之间或管理群组在意识形态上两级分化时，选择很可能是经讨价还价后的折中方案，部分地满足几种相互冲突的标准。

假设7-3：选择的大胆性

独裁式权力结构相对于民主集中制权力结构而言，其战略方案的可取范围更广阔，战略过程更快速也更果断。同样，民主集中制权力结构比分散式权力结构的战略范围更广阔，过程也更迅速。

假设7-4：危机中的权力转移

当遭遇生存危机时，ESO倾向于把权力交给一个被认为最有能力确保生存的领袖群组，因此ESO会暂时转向强制性的权力结构。这个假设直接支持我们前面提出的基本生存假设。

STRATEGIC
MANAGEMENT

第八章

抱负与文化

“你不得不做出过度的承诺！向合众国宣誓效忠就是过度的承诺！任何值得做的事都需要做出过度的承诺！你认为你能做到的通常仅仅是你应该做的一半！”

——休伯特·汉弗莱

抱负行为

我们将注意力从权力的动态性转向影响战略选择的动机。根据我们的基本假设，所有 ESO 都有强烈的动机生存下去。ESO 对其市场的依赖越少，其补贴越有保障，为保证生存所需要的商业绩效就越低。一个完全依赖市场的工商企业必须进行商业交易，至少维持盈亏平衡。而大学则主要依靠捐款、校友捐赠、州或联邦政府拨款等收入维持生存，通常是在连续不断的商业赤字中运作的。因此，与非营利组织相比，企业的基本生存欲望促使其追求更高的绩效抱负。

在衡量成功的维度上，工商企业与非营利组织也有区别。有些企业追求投资回报，有些企业追求销售回报，有些企业追求销售增长，还有些企业追求市场份额，等等。它们不一定将注意力局限于单一方面的绩效。有些企业一次追求一个目标，但也会定期地调整目标（“依次关注目标”）；有些企业同时追求多个目标，例如，许多企业同时追求增长和盈利。

在历史上，所有企业的抱负都与获利的基本追求有关。但是，最近几年，不断变化的社会环境迫使企业承担非经济的“社会责任”抱负，比如，要求公平对待雇员、保护环境等。

非营利组织在过去很少对生存之外的其他抱负具有明显的兴趣。只有少数优秀的（社会公共）机构追求着不同的目标，如声望、卓越、提供公共服务、满足特定的国家目标（如征服太空）。专注于研究非营利组织的社会学家们，通常把大多数社会公共机构说成是不思进取的，只要有补贴，它们就满足于在赤字中运营。只有在受到生存威胁时，才会把注意力转向追求经济绩效。赫伯特·西蒙（Herbert Simon）把这些 ESO 称为满意原则的遵从者，把触发它们关注绩效的赤字水平称为生存门槛。

另一方面，专注于研究企业的微观经济学家们很少提及生存追求，因为他们把企业看作经济绩效最大化的坚持者。这种观念模式来自早期的创业家与企业所有者们，他们坚持不懈地追求个人财富积累。即使在所有权与管理权分离后，经济学家们仍然坚持认为职业经理人会坚守利润最大化的传统。而经理们的公开声明进一步强化了这一假定。但实证研究和普遍观察都表明，以利润最大化为目标的企业只占当今企业总数中的少数。

许多企业表现出目标追求行为，但是并没有追求目标最大化。它们制订年度目标，并根据目标与实际完成情况的差距，适当地调整行为的力度。然而，仍有很多企业像非营利组织一样，是满意原则的遵从者。事实上，这些企业与非营利组织的区别仅仅在于它们的生存门槛更高。由于完全依赖市场，当利润变为赤字时，企业会将注意力转向绩效，而非营利组织只有在赤字开始超过补贴时才会关注绩效。

上述讨论展示了与 ESO 动机相关的两种衡量指标。首先是衡量成功的绩效维度，其次是衡量 ESO 期望达到的绩效水平。在规范的商业文献中，通常将这两个维度分别称为目的（例如投资回报）和目标（例如保持 5% 的增长率）。按照商业文献的观点，当目的和目标以书面形式明确表述时，企业的绩效会提高。

如果在制订目标之后，随即采用有力的绩效控制手段，这种情况

的确会出现。然而，有些企业只是追随时代潮流，在公司宣传手册和年度报告中公布了它们的目标，但在日常工作中却很少关注它们。另一方面，目标不明确不一定意味着它们没有强烈的执行动机，正如许多积极进取、追求利润的小企业，它们并不屑于将自己的雄心壮志公之于众。

因此，仅仅通过书面目标来衡量组织动机是不够的。这样的衡量方式实际上无法全面覆盖大多数非营利组织和许多动机很强的企业，也不一定能准确衡量那些有明确目标的企业的动机。为了避免这些困难，我们会根据可观察行为的差异来衡量抱负的差异。有明确目标的组织将作为一个特例，出现在抱负行为通用量表中。

定义

如果与外部环境联系的特性和其内部构造保持不变，我们认定ESO的行为在战略维度上是稳定的。

如果外部联系或内部构造有变化，或两者同时变化，战略变革就会发生。

如果通过外部联系的交易是重复的和日常的，我们认定行为在运营维度上是稳定的。

如果交易水平变化，如预算、价格和产出调度，运营变革就会发生。

绝对的运营稳定和战略稳定描述了一个完全没有变化的组织——这种情况在实践中很少见。为了使定义更具实用性，我们后续仍将那些偶尔发生变化、但并未消耗组织的主要能量的行为称为稳定行为。例如，如果一所大学的课程设置仅有少量的和局部的改变，我们说它在战略上是稳定的；但是，如果课程整体在一段时间内经历了持续的

改进，即使这些改进是逐步进行的，我们也会将这一过程称为渐进式的战略变革。

定义

我们将运营的和战略的抱负水平视作临界点，当绩效水平低于这两种水平，ESO 就会相应触发运营或战略变革。

下面是经常可观察到的抱负行为：

（1）大多数非营利 ESO 都是满意原则的遵从者，维持着稳定而消极的抱负水平。在内部缺少明显的目标设置活动。大部分时间都是在例行公事或从事重复性工作。在外部，在大多数情况下，这类 ESO 在运营和战略上都能保持稳定。

触发变革的具体赤字规模与 ESO 的市场依赖性成反比。

市场依赖性低的 ESO 往往容易陷入危机：它们的抱负水平低于继续生存所需要的商业绩效的水平。

（2）一些具有较高市场依赖程度的非营利组织以及大量成熟的、根基牢固的企业（特别是几乎处于垄断地位的企业），在行为上相对较为激进。它们在运营上是积极的满意原则的遵从者，在战略上是消极的满意原则的遵从者。如果绩效严重下滑，低于历史上从环境中获得的利润，就会触发 ESO 的运营对策。但是只有当绩效出现赤字之后，ESO 的战略变革才会启动。

上述两种类型的抱负行为出现在分散式权力结构，或在总体管理较为弱势的 ESO 中可以见到。

（3）许多企业在运营模式中展现了目标追求行为，并在战略模式中展现了积极的满意原则遵从。在内部有持续改进绩效的明显驱动力。它们的目标可能是明确的，也可能不明确。如果目标明确，那么

将会有一套严格的纪律来对照目标评估实际绩效。与事后做出反应的满足型 ESO 相比，目标追求型 ESO 会预测未来的绩效，并触发必要的变革以实现期望的绩效改善。从外部来看，一个追求目标的 ESO 在大部分时间都会被视为在进行变革。但它不是强迫性的、持续性的变革追求者。因此，从外部观察，这种类型的 ESO 会习惯于进行运营变革。但是，当发现仅靠运营变革无法实现持续改进的目标时，战略变革就会发生。在这类 ESO 中，最复杂的管理体系通常是 MBO（目标管理）。

（4）典型的美国企业通常可以被归类为双重目标追求者，不仅追求经营目标也追求战略目标。如前所述，目标可能不明确，但存在一种明显的内在驱动力，这种驱动力不仅是为了提高绩效，也是为了改进和更新 ESO 向环境提供的产品和服务。用社会学的术语来说，这类 ESO 将创新制度化了。如果目标是明确的，那么它们通常在长期计划体系的框架内，通过“从下至上”的参与式的目标制定过程确立。在上述存在抱负行为的类型（3）和类型（4）的企业中，权力结构通常是分散的，总体管理是强势的。

（5）相对而言，仅有少数企业归属于古典微观经济学的“最大化模式”类型。实际上，它们与目标追求型 ESO 的区别在于，内部压力不是持续稳定的改进，而是设法榨取最后一点可能的绩效。追求最大化者也是强迫性的变革追求者。从外部来看，它们非常引人注目，因为它们是发动运营和战略变革的行业领导者。宝丽来公司创始人埃德温 · P. 兰德（Edwin P. Land）生动描述了它们的行为方式：“我们的竞争力就是我们对卓越的认识。我们是孤独的……因为我们为计划做出的努力超过他人十倍，我们为之做出的实际工作，超过他人的两倍。”通常，追求最大化者拥有独裁式权力结构，并受到强制性管理。

（6）通常情况下，战略最大化意味着运营最大化。但也存在重要的例外，有些公司一方面是战略最大化者，同时又是消极的运营满意原则的遵从者。某些集团公司就是它们的例证，这些公司的管理层将其大部分精力用于通过兼并和收购进行企业扩张，很少关注被收购业务的盈利性。当管理层过度扩张，而经营业绩却每况愈下，最终导致破产时，这类集团公司就可能会轰然倒塌。

上述六种抱负行为的情况和其他几种情况可用表 8-1 来说明。表中表示六种情况的方格均相应加了编号。

表 8-1 抱负行为的类型

战略抱负＼经营抱负	消极满意	积极满意	目标追求	最大化
消极满意	（1）典型的非营利组织	（2）低补贴的非营利组织；稳健的企业		
积极满意			（3）生产导向的企业	
目标追求		“领先的”非营利组织，营销导向的企业①	（4）财务导向的企业	
最大化	（6）“冒险的”大型联合公司②	研发导向的企业	创业的企业	（5）行业领导者

① 例如 NASA，应对国家紧急事件的国之重器。

② 高层管理通过并购实现增长最大化，忽略运营绩效。

右下角的“行业领导者”数量很少，但它们决定着经济发展的方向。在案例（4）的方格及周围，我们说明了主要职能（财务、研发、生产或营销）对企业抱负的影响。

与右下角的稀缺分布形成鲜明对比的是，左上角的非营利组织占据了绝大多数。但那些补贴较低，而且没有保障的非营利组织可能是积极的满意原则的遵从者，与“保守型企业”同属于案例（2）这类情况。非营利组织同时作为战略目标追求者，以及运营的满意原则的遵

从者的情况非常罕见，但却具有重要的社会意义，如肩负紧急的新的国家使命的ESO。

从表8-1可以看出，可观察的抱负行为构成了抱负进取性的等级。该表还显示，工商企业和非营利组织的抱负行为在抱负进取性等级的端点，与文献中常见的描述是一致的。但在两个端点之间，工商企业与非营利组织也存在重叠的情况。随着对非营利组织绩效要求的提高，我们可以预计非营利组织会向右下角移动。另一方面，随着工商企业中的权力变得分散，以及社会对创业和增长施加限制，越来越多的工商企业会向左上角移动。

除经济效益外，也可以对组织抱负的其他要素进行与前文类似的分析。例如，如果ESO的性质是公共服务，我们可以预计表8-1的模式会发生逆转，许多企业会成为消极的满意原则的遵从者，少数非营利组织却会成为名副其实的领导者。

为了将来使用方便，我们通过以下假设来概括本节内容：

假设8-1：绩效抱负

除生存驱动之外，大多数ESO还表现出对高于生存水平的经济绩效的追求。通常情况下，非营利组织表现出的是满意原则遵从的行为，工商企业表现出的是目标追求行为。追求最大化的企业在全部企业中的占比很小。

假设8-2：抱负行为与目标

进取的抱负行为并不局限于那些目标明确的ESO。另一方面，明确目标的设定也并不能确保ESO拥有与其一致的抱负行为，除非绩效由目标控制。

绩效抱负的演变与制度化

在《企业行为理论》(*Behavioral Theory of the Firm*) 一书中，西尔特和马奇以下面一段有争议的话作为某一章节的开篇语："人……有目标，但由人组成的集体没有。"

除非西尔特和马奇把"目标"一词看作个人专有的要素，否则他们的陈述明显是不正确的。世界上成千上万的公司发布并实践着公司的整体目标。

如果人们仔细阅读西尔特和马奇的书，很明显，他们那段有争议的论述实际上是希望引导我们关注一个事实，即组织的目标可以追溯到个体目标。但同样明显的是，我们不能仅仅根据 ESO 当前雇用的个体来推断 ESO 的目标是什么。

当然，如西尔特和马奇所说，现有参与者对抱负产生了重大影响。我们将在接下来的两章中继续讨论这种影响的机制和理由。但他们也指出，还有一些更为重要的历史的决定因素会影响现时抱负。

在创建初期，ESO 是由其创建人决定的。他们决定 ESO 提供的产品 / 服务、判断企业成功与否的绩效标准，以及企业期望达到的绩效水平。在创建工商企业时，创业家们希望寻求投资回报。他们的抱负是获得高额利润，甚至最大化的利润。

非营利组织通常是由政府行政部门或一群热心公益的个人创办的。创办人的目的通常是提供社会需要的服务，如健康、教育或法治秩序，而这些服务是追求利润的机构无法满足的。历史上，非营利组织的创办人很少关心经济效益。人们的资金预算或筹集资金的数额是基于对"什么是必要"服务的估计。

随着 ESO 的成长和发展，初创期抱负的两个方面往往会趋于制度化。第一个方面是用来判断成败的绩效特征。对企业而言，这一特征就是可衡量的盈利能力。对非营利组织而言，它通常是“公共服务”这样一个模糊的概念。在许多非营利组织中，经济特征可能被列在“负面清单”上：在行为中反映更多的是对经济效益的消极态度，而不是积极的公共服务的贡献。

制度化的第二个方面是抱负的进取性。如上所见，非营利组织是一贯的满意原则的遵从者，而大多数企业则坚持目标追求或最大化。

制度化的影响一部分来自 ESO 创立时的法律体系（公司章程），另一部分来自现行的社会规范。例如，美国社会历来高度重视创造经济财富。企业被看作财富创造的最重要的社会机构，利润是企业效益的衡量标准。因此，利润追求行为得到社会的肯定和奖励。成功的企业家是享有特权和受人尊敬的社会阶层。富有进取心、喜欢追求财富的人被企业界吸引，而非物质追求者和低风险倾向的人被非营利组织吸引，他们帮助“公共服务”的抱负实现制度化。

绩效最关键的特征是抱负的稳定性。一旦被创始人提出，它就不会改变。因此，尽管外界多次呼吁企业应该承担广泛的“社会责任”，但在今天，所有企业的关键特征仍是它的盈利性。另一方面，非营利组织则强烈地抵制经济效益的观念。《卫报》（*The Guardian*）最近的一篇文章生动地表明了这一点。该文章抱怨说，非营利组织在面对压力时，提出的口号是“要么减少服务，要么提高价格”。

抱负的进取性是抱负行为中一个不太稳定的组成部分。最初，当权力集中在所有者兼经理的手中，新企业的行为可能是最大化。随着企业规模的扩大和复杂程度的提高，权力逐渐被分享，先是与中基层管理分享，最后与技术官僚分享。在有些企业，高层管理能够巧妙地控制分权过程，以保存其最大化导向（一个典型的例子就是宝丽来公司)。在有些企业，高层管理放任权力的流失，变成了约翰·肯尼思·加尔布雷思（John Kenneth Galbraith）所描述的那种由技术官僚控制、橡皮图章式的刻板印象。结果是，企业陷入一种满意原则遵从者的行为状态。迄今为止，美国企业的典型行为一直处在两个极端之间。随着企业的发展，原先的强制性权力结构改变为参与性权力结构，企业的抱负行为也从最大化转变为各种目标的追求行为，正如表 8-1 所述。

在前一章，我们阐述了 ESO 使用的权力过程类型决定了战略选择的魄力。其中一部分选择涉及抱负的进取性。抱负的进取性与权力过程的关系如表 8-2 所示。该表显示了在各个权力过程下可实现的抱负行为的范围。在强制性权力这一个极端情况下，进取性的所有类型都是合理的。在另一个极端情况下，政治谈判不可避免地导致 ESO 成为满意原则的遵从者。在合理的范围内，实际追求的进取性取决于战略领导力的强度——这是我们在第九章将要讨论的主题。

表 8-2 不同权力过程下抱负行为的合理范围

权力过程 / 抱负行为	强制	参与	谈判
满意			
目标追求			
最大化			

抱负行为也受 ESO 管理系统的影响（参见表 6-2）。管理系统的类型决定抱负建立的基础行为特征。因此，预算体系强调成本，目标管理通常强调合作、组织优化和自我改善。长期规划重视未来的成本效益：相比之下，战略规划推动 ESO 向最大化行为转变。

系统的动态性影响有两种方式。已建立的体系往往会传承过去的抱负，这也是系统建设的目的。如果新建立的体系与过去的抱负一致，它会有助于抱负的传承。但如果这个体系与过去的经验不一致，它会

对进取性的改变起到推动作用。

在非营利组织中，管理层与所有权的分离在一开始就发生了。创始人和经理们都不会对绩效抱负斤斤计较。从一开始，总体管理层就缺乏企业经理们所具备的强制力。由于基层对知识和资源的控制、强调工作保障和基于资历的报酬体系，权力在整个组织中得到了分配。因此，除非遇到危机，大多数非营利组织会作为满意原则的遵从者开始它们的历程，并一直保持这个模式。

我们把上述讨论概括为以下假设：

假设 8-3：抱负行为的稳定性

（1）在 ESO 初始期获得的抱负的要素是抱负行为中最持久的部分。

（2）行为的进取性（满意原则 vs. 目标追求 vs. 最大化）相比于抱负的特征，持久性较弱。它会随着组织的演变、主要管理者的更迭和权力分散转移的变化而变化。

（3）抱负的水平（门槛或目标）是最易变的特性。它们随着环境条件和掌权集团野心的变化而变化。

假设 8-4：抱负的惯性动力

下述因素有助于历史抱负行为的传承：

（1）先前的抱负。

（2）ESO 的法律体系。

（3）社会对 ESO 的角色与效用的看法。

假设 8-5：管理系统对抱负的影响

（1）已建立的体系会传承历史抱负行为。

（2）新体系会迫使 ESO 调整进取性和抱负水平，与体系保持匹配。

假设 8-6：权力对抱负的进取性的影响

ESO 内部的权力过程限制了抱负的进取性：

（1）在强制性的权力过程下，抱负的范围可能从最大化到遵从满意原则。

（2）在民主集中制过程下，抱负可能是目标追求或遵从满意原则的其中一个。

（3）在谈判性的权力过程下，抱负将遵从满意原则。

文化与行为抱负

在前面的讨论中，我们的注意力集中在绩效抱负上，这些抱负可以被称为目的论目标，也就是可以根据组织活动的结果衡量成功与否的目标。

在早期有关战略规划的规范性文献中，人们通常假定结果是衡量 ESO 成败的唯一标准。彼得·德鲁克（Peter Drucker）在提到“成果管理”时，精确地阐述了这一假定。该理论认为，企业应该选择带来最佳结果的战略行为模式（战略）。如果像 20 世纪前期那样，企业能够通过重复的、日常的行为获得最佳利润，那么企业就应该选择稳定性的或反应性的战略推力。20 世纪 50 年代，当企业的成功开始依赖于预测性或探索性的行为时，人们认为战略推力也应随之改变。因此，战略行为被看作为了达成盈利目标的手段，没有主观价值主张。

日常观察和社会学的研究都表明，行为不是没有价值主张的，个体和组织都会表现出对某种类型的战略行为的偏好。他们坚持以某种特定的行为方式来表达这种偏好，哪怕它意味着牺牲目标成果。一个常见的例子是，即将退休的年长的经理们，他们放弃追求利润的初衷，

转而选择安全和谨慎的行为，免得“自找麻烦”。另一个极端的例子是，有些公司的经理们扩大企业的业务范围，实行广泛的经营多样化，主要是为了满足自己“与公司对弈”的赌徒乐趣，而不是为了扩大盈利。

罗素·阿科夫（Russel Ackoff）是最早呼吁关注“战略行为并非没有主观价值主张”这一事实的学者之一，正像企业追求成果一样，企业也会追求某种行为模式。罗素把这些企业经理们喜欢的行为抱负称为“风格目标”。而其他观察家们则称之为“组织氛围”“组织风格”或“组织文化”。

定义

我们将一个社会群组的规范和价值观念称为该群组的战略文化，这些规范和价值观念决定了该群组对某一特定类型战略行为的偏好。

在表 8-3 中，我们构建了五种具有代表性的战略文化的层级，与表 5-5 中的五种战略推力相对应。这就是说，在不受约束的情况下，表 8-3 中的每种文化状态都会显示出表 5-5 中相同名称的战略推力。我们用六项特征来描述文化的状态，其中两项是组织开放性的水平，我们在第六章讨论过。这些特征是：

（1）ESO 认识自身与其环境的**时间视角**。

（2）它搜寻可行的**备选方案的范围**。

（3）组织关注的**焦点**，不管是内部事件，还是在环境中发生的外部事件。

（4）**变革倾向**，用触发战略变革所需要的信号强度来衡量。

（5）在备选行动方案中，与过去经验相比可接受的**不连续性**。

（6）备选方案选择中的**风险倾向**。

表 8-3　战略文化

文化水平 / 性质	稳定性的	反应性的	预测性的	探索性的	创造性的
1. 时间视角	过去	现在	熟悉的未来	不熟悉的未来	新的未来
2. 备选方案的范围	过去惯例	过去经验	推断的可能性	全球的可能性	创造的可能性
3. 内部 / 外部焦点	内在的	内在的	内在的 / 外在的	外在的	外在的
4. 变革倾向：触发变革的战略	危机	不能令人满意的历史绩效	预期绩效不足	持续寻求变革	持续寻求新颖变革
5. 可接受的变革不连续性	维持现状	轻微偏离现状	增大的	不连续的	新的
6. 风险倾向	厌恶风险	风险最小化	常见风险	风险 / 收益平衡	偏好不熟悉的风险
7. 口号	“稳中求胜”	“随机应变”	“未雨绸缪”	“抢占先机”	“创造未来”
8. 文化所偏爱的组织功能类型	生产部门	生产部门	营销部门	产品 / 市场 / 开发	研发部门
	会计部门	财务控制部门	计划部门	多样化部门	新合资部门

稳定性的 / 反应性的文化被认为是内向的、厌恶风险的、抵制变革的。在另一个极端，探索性的 / 创造性的文化乐于接受新信息、新影响，它们欢迎并寻求变革。中间的预测性的文化在今天许多企业中都能找到，只要战略行动局限在熟悉的领域，这种文化就会倾向于变革。

在第 7 行中，我们试图用一句口号来总结各类文化的特征，这句口号也许可以当作老员工给刚进入组织中的雄心勃勃的新手的忠告。

从外部观察，大多数 ESO 表现出长期稳定的战略推力，与推力的周期性变化交替出现。因此，它们在内部给人的印象是一种稳定而同质的文化。在大多数非营利组织以及那些被称为“单一功能”的企业，如仅限于研发、批发销售等领域的企业，内部观察者的确会发现一种同质化的文化存在。但是，在多功能企业中，通常存在几种各具特色的文化。这种情况的出现是因为不同功能的技术需要不同类型的行为。因此，稳定性的和反应性的文化最适合生产流程，因为它们具有规模优势，劳动分工优势，以及在长期生产经营过程中积累的组织学习成果。预测性的和探索性的行为最适合营销功能，因为它们能使企业对环境发展趋势、顾客的需求及竞争对手的行动和反击保持敏感。因此，我们可以说每项功能都有其偏好的战略工作文化。在表 8-3 的最后一行，我们展示了典型的制造业企业中不同文化类型与不同单元类型之间的匹配关系。

每个单元都倾向于将自己的战略工作文化看作整个组织成功的关键。因此，它们不仅坚持其固有文化，而且试图颠覆其他单元，促使它们采用同一类型的战略行为。生产单元希望整个组织保持稳定，营销单元希望整个组织具备预测性的反应能力，等等。

下面这则历史故事可以说明这种以自我中心的、关于组织成功的观点。在飞机制造工业的繁荣时代，如果一位访客到一家飞机制造商的办公室参观，他会发现办公室的墙上贴着一系列不同的漫画。在营销部门办公室，人们会看到一幅飞机图画，画面中的机身鼓鼓囊囊，上面装满了乘客，两根棍子作为机翼支撑着机身，机翼下面装载着两个极小的发动机。然而，在动力部门办公室，人们会看到同样的飞机，但占据画面的全是发动机，飞机的机身架构仅仅够用来支撑动力设备。在其他部门的办公室，你也能看到类似的片面的视角。

表 8-3 有两种不同的使用方法：识别关键人物的个人行为偏好，或者识别由共同工作文化产生的集体偏好。在两种用途中，偏好都是作为抱负作用于 ESO 的：个人和群组试图根据自己的偏好来影响 ESO 的其余成员，并根据偏好实现的程度来判断成功与否，如果失败，他们会主动发起战略行为的变革。

因此，我们可以说，每个 ESO 都有两种不同类型的抱负：代表某种结果的绩效抱负和代表某种行为的行为抱负。各个单元能否成功地将其抱负强加于 ESO 取决于它们的权力。在绩效导向的 ESO，这种权力归属于那些对 ESO 的成功具有重要意义的单元。因此，生产导向型文化（在商业文献中称为“生产思维”）在 1900—1940 年间的工商企业中占据主导地位。20 世纪 40 年代以后，营销似乎成为成功的关键，“营销思维”开始取代生产思维。这种以营销思维为主导的转变是缓慢而痛苦的，伴随着生产和营销之间的政治斗争。产生这种矛盾的部分原因是生产经理们坚持他们的观点，认为生产导向型文化是持续成功的关键。但它也反映了生产经理们强烈的行为偏好抱负，他们希望保持稳定性 / 反应性的战略行为，即使这意味着盈利能力下降。

企业开始向营销思维转变，营销逐渐成为权力中心。在有些企业，当渴望权力的营销经理战胜了“疲惫不堪”的生产经理时，这种转变就会发生。还有一些企业的变革是由董事会的外部权威触发的，因为

董事会担心收益遭到侵蚀。在相当多的情况下，要从树大根深的、以生产为导向的管理层手中抢夺权力，需要经历一场生存危机。

权力转移经常会引起用力过猛的后果。在新的复杂环境中，成功不再通过主导某种特定的工作文化来获得。企业不仅需要有足够的稳定性以保持高效率的生产，也需要有足够的开放性以适应环境的变化。在这种情况下，钟摆逐渐向中心摆回。总体管理部门不再让一种功能文化支配 ESO 的行为，而是创造了一种环境，能使生产和营销共同运作。这两种文化的结合通常被称为“全面营销理念”。

因此，企业外部对于企业内部文化同质化的印象可能并不准确。如果内部工作职能在技术上差别不大，ESO 的战略文化可能是统一的和普遍的。这一点在非营利性 ESO 中，很可能是正确的，因为它们的工作就是日常文件的处理。但在医院、大学或综合性制造企业，通常有几种不同的、由工作优势决定的战略文化（例如医生的、护士的、行政管理人员的、实验室技术专家的文化）。每种文化都试图用自己的行为抱负影响 ESO 中的其余部分。

其中，第一种情况可能是某一种文化对其他文化形成主导。第二种情况可能是形成一种通过妥协而达成的主导文化。第三种情况在工商企业中经常出现，即多种文化并存，在这种情况下，各单元的内部行为受到它们自身的工作文化的指导，但联合行为则受到最高管理层的主导文化的指导。第四种情况比较少见，即 ESO 中没有主导文化的指导，但不同文化在连续不断的权力斗争过程中轮流坐庄。这类 ESO 的战略推力会随着时间的推移而摇摆不定。这种情况很少见，因为这类 ESO 的生存机会很小：他们要么在市场上破产，要么被其资助者抛弃。

我们用下面的假设概括上述讨论：

假设 8-7：抱负的两重性

个人和群组通常有双重抱负：

（1）对活动结果的绩效抱负。

（2）对某种战略推力的行为抱负。

假设 8-8：文化与行为抱负

行为抱负是规范和价值观的结果，这些规范和价值观也决定了群组或个人的战略文化。

假设 8-9：工作文化

有特殊工作技术的组织单元拥有特殊的战略文化。

假设 8-10：多种文化的 ESO

多种文化的 ESO 的战略推力要么反映了主导文化的抱负，要么是几种强势文化妥协的结果。

STRATEGIC
MANAGEMENT

第九章

战 略 领 导

“我们的竞争力就是我们对卓越的认识。我们是孤独的……因为我们为计划做出的努力超过他人十倍，我们为之做出的实际工作，超过他人的两倍。”

——埃德温·兰德

战略领导模式

在ESO中，接受工作的技术官僚对企业的成功和生存没有正式的责任。不过，随着技术官僚获得权力，他们对企业的战略工作发挥的影响越来越大。在小企业中，工人们与所有者兼经理的利益经常是联系在一起的，但在大企业和非营利组织，他们越来越多地运用他们的权力，只关心自己的一亩三分地，谋求个人的和群组的利益。正如我们已经讨论的那样，早期的影响主要是来自工作场所的工作条件。但技术官僚，特别是白领专家，逐渐成为对战略活动有影响的力量。

定义

我们把特殊利益的代言人对战略行为施加的影响称为政治影响。

在工商企业，分派工作的管理层对企业的“福祉”负有责任。它存在的理由是为企业提供指导和控制，确保其生存和成功。

定义

我们将有助于ESO生存与成功的战略行为的影响称为战略领导。

在历史上有关企业的观念中，战略领导的责任归属于两个群体：股东和总体管理层，前者定义他们的期望，后者则承诺全心全意地实现这些期望。股东们提出他们的要求，总体管理层把这些要求转化为适当的战略行动，技术官僚则在管理层的引导下开展这些行动。

我们用表 9-1 中左上方的图片来表示这种历史观念，其中的阴影表示相关群组的关注与投入，全阴影方格表示全职，而半阴影方格表示兼职。在管理层看来，政府的政治影响是对自由企业的周期性“干预”。政府认为自己的角色是保护自由竞争行为。

表 9-1 在战略决策中不断变化的参与性

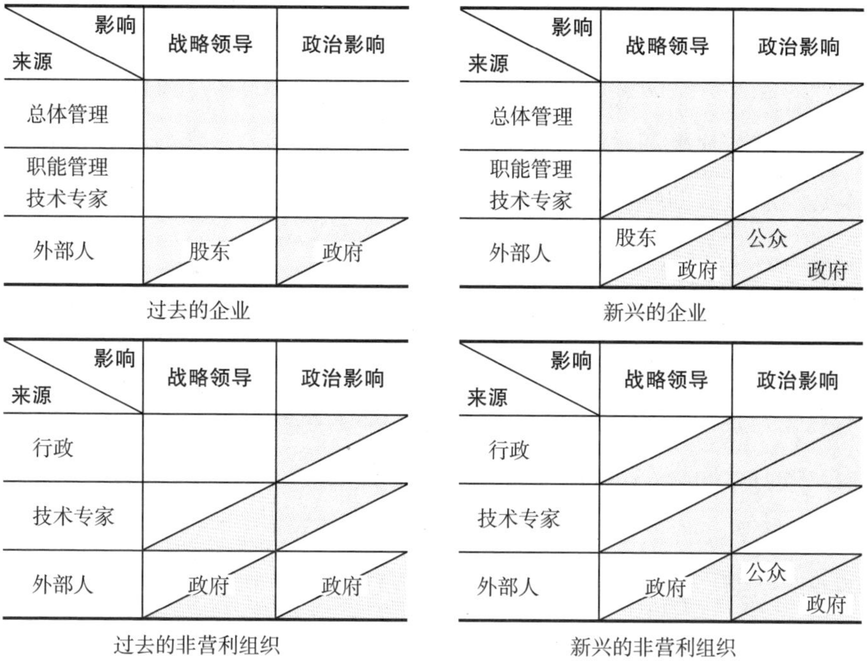

来源 \ 影响	战略领导	政治影响
总体管理		
职能管理 技术专家		
外部人	股东	政府

过去的企业

来源 \ 影响	战略领导	政治影响
总体管理		
职能管理 技术专家		
外部人	股东 政府	公众 政府

新兴的企业

来源 \ 影响	战略领导	政治影响
行政		
技术专家		
外部人	政府	政府

过去的非营利组织

来源 \ 影响	战略领导	政治影响
行政		
技术专家		
外部人	政府	公众 政府

新兴的非营利组织

正如我们前面讨论的，如今的影响模式已完全不同了。第一个新的因素是技术官僚的政治影响；第二个因素是政府越来越多地参与决定企业的战略路线；第三个因素是公众的政治影响。

现在也要从另外一个角度来看待总体管理层的行为。在 ESO 中，当然有许多经理全心全意地工作，但同时也有许多经理，特别是在大型 ESO，利用职务牟取个人私利，与股东的利益产生了冲突，甚至是背道而

驰。即使在注重战略领导的情况下，许多经理人也被认为是不称职的，停滞不前和陷入危机的企业就是证明。正如目前我们所见到的，领导失败的原因可能是缺乏个人动机、厌恶风险、缺乏必要的技能、缺少权力。

在有些企业，战略领导不仅来自总体管理部门，还来自职能管理部门和技术官僚的共同努力。例如，现场销售人员和研发工程师作为技术官僚，可能要比总体管理层更能洞察对公司有利的机遇。如果总体管理力量薄弱，这些技术官僚们与他们的上级联合，就可能成为企业战略领导的主要力量。

因此，新型的影响模式变得比过去更加复杂了。我们用表 9-1 中右上方的图片来展示这种新模式，从中可以看出，战略领导不再是总体管理层专属的特权。该表也表明，战略领导越来越多地要与各种政治影响展开竞争。

在非营利组织中，战略领导是少有的现象。在为数不多的案例中，我们确实看到一位富有远见和魅力的个人，带领他所在的大学或医院走向显赫地位，或者一位受命上任的领导者——例如 NASA 的詹姆斯·韦伯（James Webb）引导政府的 ESO 进行重大的战略创新（通常是在国家紧急优先任务的压力下）。创造性领导通常出现在非营利组织的成立初期。随着非营利组织的发展和成熟，它逐渐进入典型的稳定模式，即战略变革是最小的、局部的、偶然的、无领导的、由外部刺激引起的。因此，大学院系在其学术兴趣发生变化时，就会对课程进行变革；当新的发现带来新的业务前景时，非营利组织就会调整研究方向；当新的技术和知识出现时，医疗服务就会发生变革。

在成熟的非营利组织中，这种渐进式战略演变的领导来自技术官僚。没有哪个群组会像企业的总体管理层一样，负责战略领导工作并为此承担责任。人们期望非营利组织的管理层远离战略变革——那是专门留给专业人士的领域。人们期望系主任不干预课程设计和研究计划，医院院长不干预医疗方案。行政管理人员的工作是确保组织正常运转，并尽可能获得最大限度的补贴。

非营利组织的经理们不介入战略的主要理由，可以追溯到成立非营利组织时的做法，它们设定的战略选择空间狭窄，对市场的依赖程度低（对补贴的依赖程度高）。因此，行政管理层既没有余力也没有动力去担心组织的成功，以及对市场需求做出应对。

非营利组织的教育和文化中一直缺乏战略领导的概念。这种缺乏突出表现在语义上的区别：引导和控制职能在工商企业中被称为业务管理，在非营利组织中被称为行政管理。当我们分别审视两种课程设计时，人们发现在行政管理学院，战略领导的教育是缺失的。

尽管战略领导是缺失的，但政治影响在非营利组织中却无处不在。正是典型的分散式权力结构，为那些工作不具有挑战性、缺乏共同目标、对机构的成功缺乏个人投入的技术官僚和行政管理人员，提供了一种能量释放的途径。

如前所述，在许多非营利组织中，这种情况正在改变。有些非营利组织需要强有力的战略领导，由于他们过去的角色被淘汰，他们必须重新调整自己以适应环境，否则就会面临消亡。还有一些非营利组织正在被赋予解决新社会问题的角色，而这些问题的战略内涵鲜为人知，因此需要创造性的战略领导（例如新成立的美国能源部）。还有许多非营利组织正面临越来越大的压力，它们需要更加及时地响应客户，并提高经济效益。满足这些需求的一个标志是，最近非营利组织对管理教育的兴趣的增长，特别是在战略领导技巧方面，例如目标管理（MBO）和 PPBS（计划 – 规划 – 预算）体系。表 9-1 的右下方的表格显示了此类 ESO 新出现的影响模式。

政治影响和战略领导之间的关键区别在于，前者主要依靠行使政治技巧来代表它的支持者群体，而后者除了需要政治技巧外，还需要清晰地认识到组织的共同目标，以及实现这些目标的方法。通常我们把这种认识称为组织未来的“愿景”。

在小型企业中，这类愿景经常是属于“所有者兼企业家”个人的。但在大型企业中，为了使愿景发挥作用，必须在所有参与实现愿景的人群中分享。因此，战略领导的影响包含三部分：构建愿景、沟通并用愿景鼓舞其他人，以及促使企业为愿景奋斗。

但除了拥有上述影响外，战略领导还是一项智力任务，它将愿景具体化为共同抱负，以及能够实现这些抱负的战略行动。因此，我们可以说战略管理的总体任务就是用组织理性影响 ESO 的行为。我们可以把这项总任务分为三项子任务：合法性领导、决策领导和行动领导。

（1）**合法性领导**包括确定 ESO 的目的和判断其是否成功的标准。用本书的语言来说，这项任务包括：

1）识别各种关键特征（及其重点）以评估成败与否（存在的理由）。

2）为每项特性确定抱负行为（遵从满意原则的目标追求，最大化模式）的进取性。

3）确定 ESO 在产品、市场和行为（即游戏规则）方面的自由度和限制。

4）确定指导 ESO 的权力配置。

（2）**决策领导**与做出的战略选择有关。具体说，这项任务包括：

1）建立实际可行的抱负水平。

2）选择适当的战略推力。

3）选择具体的战略和产品 – 市场行动。

（3）**行动领导**是指促使 ESO 在选择的战略模式下采取行动。具体说，这项任务包括：

1）在 ESO 内部建立支持各战略活动的氛围和能力。

2）动员管理层参与战略决策领导。

3）影响工作接受者执行决策。

4）协调和控制工作的执行。

定义

我们可以说，战略领导的理性程度是通过以下方面来衡量的：

（1）为 ESO 建立的抱负，能够反映受到 ESO 的活动影响的掌权者的抱负。

（2）所选择的行动是实现抱负的最佳选择。

（3）考虑到环境条件、游戏规则和 ESO 的现有资源，选择的行动是切合实际的。

定义

如果总体管理层对 ESO 做出理性行为施加强有力的影响，我们就可以说战略领导是进取的。

定义

如果 ESO 实现了自己的抱负，我们就可以说战略领导是成功的。

假设 9-1

ESO 的战略行为取决于战略领导和政治影响的相互较量，这两股力量都通过权力结构发挥作用。

战略领导影响着 ESO 以一种组织层面的理性方式做出反应。

政治影响代表着权力集团的狭隘利益。

假设 9-2

尽管名义上战略领导是总体管理层的责任，但在今天的 ESO 中，其他群组也越来越多地在行使战略领导。

假设 9-3

许多总经理的战略领导能力较弱。

还有许多人运用他们的职务发挥政治影响。

在下一节，我们简要考察这三种战略领导类型的可观察实践。

合法性领导

曾任通用汽车公司董事长的艾尔弗雷德·P. 斯隆（Alfred P. Sloan），是一位杰出的商界战略领导者，他曾这样阐述他对战略领导的看法：

“企业的战略目标是使投入的资源创造令人满意的回报。如果回报不能令人满意，就必须纠正缺陷或将资源分配到别处。”

斯隆的这番话隐含了这样一种信念，企业的基本抱负应该是积极进取地追求投资回报。他的看法得到了其他商界领袖及整个社会的认同。对于斯隆和他的同代人来说，并不存在将领导权合法化的必要。作为社会的主要经济构成，企业的核心地位是显而易见的。商界内外普遍认为，基本的游戏规则是“自由放任”——企业有追逐利润的自由，而社会的干预应该降到最低。当然，“自由企业”有时也需要保护自己，以防政府的过度干预。但这项任务的优先级不高，通常授权给带有参谋性质的公共关系部门办理。

在非营利组织，合法性问题更加不受关注，它们是政府和公众的产物。它们的合法性通过补贴拨款不断得到确认，其行政管理队伍的工作就是执行指定的公共服务。

如第三章所述，如今所有重要的社会公共机构的合法性都受到挑战和重新审视。企业、大学、医院、邮政局的适当角色问题成为头条新闻，这是政府要面对的当务之急，也是受影响的社会公共机构的经理们面临的一项挑战。

这一挑战标志着社会正从工业化时代向后工业化时代转变。在工业化时代的几百年间，社会价值观和抱负变得清晰和稳固，各种社会公共机构得以发展，并接受和体现这些价值观。然而，当前社会价值观急剧变化的后果之一，是人们对现有社会公共机构延续的合法性和存在理由提出了质疑。在过去，当类似动荡的社会转变发生时，我们曾见证一些机构的消失，另一些机构的重塑，同时还诞生了一批旨在服务新社会的公共机构。

如今的一个关键问题是，在重新定义 ESO 角色时，由谁来担当领导责任。如果按以往的做法，那么领导者的角色将不会由组织内部的管理者来担任。在以前类似的社会断裂时期（例如罗马的衰落、工业革命），担当稳固领导责任的是来自社会公共机构的外部力量。历史似乎在重演。重新定义 ESO 角色的主要倡议来自政府和公众。因此，欧洲正在引导企业承担社会和经济责任（例如持续为社会提供就业），战略决策的权力被分配给了外部人员和内部的技术官僚。在美国，政府正在重塑汽车行业的产品战略，重新定义商业行为的道德准则，最大限度地减少企业活动的污染副作用。

大多数企业管理层的立场是，社会正在杀鸡取卵，但社会迟早会醒悟过来。根据这些多数派的观点，管理层的作用应该是：一方面向公众开展“自由企业”的基本意义的教育，加速社会的觉醒；另一方面，抵制一切对企业自由行为的侵犯。

也有一部分经理已经接受了这样一个事实，即未来是不可逆转的，企业将从一个纯粹的经济工具变为社会－经济工具。但这些人仍是少数，而且分散。迄今为止，商界还未能就企业如何最好地继续服务社会形成一致的看法。探索在继续，结果还难以预料。但主要观点似乎是清晰的：无论被动还是主动，管理层会越来越关注企业合法性问题。

当这种情况发生时，战略领导需要具备的观念、态度和技能在今天的经理们身上很难找到。为了建设性地处理合法性问题，领导者需要对超出商业范畴限制的社会问题有深刻的理解。他们还需要像所有优秀的政治家们那样，理解有权决定 ESO 发展过程的群体和个人的思想观点。除了理解，他们还需要一种大公无私的包容性态度，即尊重对立的思想观点。作为战略领导的实践者，他们需要推动政治进程的技能：谈判、避免冲突、解决冲突。简而言之，扮演合法性领导角色的总经理，需要政治家和权谋者那样的才能。

假设 9-4：合法性领导的来源

历史上，定义 ESO 存在的理由和游戏规则的主动权，一直来自 ESO 外部的权力中心，这种情况在未来将持续下去。

假设 9-5：合法性领导的重要性

在不久的将来，对企业合法性的关注会成为总体管理层的核心重点。

决策领导

我们已经看到，战略领导者对合法性领导并没什么兴趣。现在我们转向战略决策领导，还记得吗？它是选择 ESO 战略行动推力的过程。

由于非营利组织普遍缺乏对战略领导的认识，因此我们将不做过多讨论。它们的战略行动通常是渐进的、适应性的，取决于政治影响和环境冲击的相互作用。

在整个商业领域，人们发现合法性领导的不足被决策领导的进取性弥补。工商企业所追求的增长速度、产品与服务的激增，以及市场持续扩张确实令人印象深刻。

但在整体上，正如我们在论述抱负行为时已经提示过的，决策领导的进取性、合理性和成功有着明显区别。有少数进取性企业发明创造并引领行业的前进，而大多数企业则是追随者，紧跟领先者的脚步，还有极少数的消极企业抵制进步。

即使在大型企业中，创造性决策领导也往往与企业最高层中富有魅力的、具有创业精神和力量的关键人物有关。在美国，通用汽车的艾尔弗雷德·斯隆、宝丽来的埃德温·兰德、德州仪器（Texas Instruments）的帕特·帕特森（Pat Patterson）、亨利·福特、IBM 的老沃森和小沃森（Watson）、道格拉斯航空（Douglas Aircraft）的唐纳德·道格拉斯（Donald Douglas）等人，都与技术和营销发展的开拓性行为密切相关。

20 世纪初期，战略领导通常来自最高管理层。20 世纪上半叶，战略领导逐渐从公司高层分权到公司总部下面低一两个层次的总体管理层。这些较低层次的总经理拥有自己的战略领域，并对其负有完全的“盈亏责任”。这一变化的结果是公司总部规模的缩小，对企业战略工作的关心也相应减少。

从 20 世纪 50 年代起，企业逐渐地扩大它们的特定战略领域。由于技术进步和生命周期现象的影响，一些战略领域趋于饱和，另一些则在战略上变得脆弱，还有一些领域则继续显示出成长和盈利的前景。

结果是，各个分部的经理们在各自领域继续单打独斗，对企业的平衡构成威胁，降低了资源利用效率。

因此，在20世纪60年代后期，公司总部重新掌控了战略领导地位。但这并不是决策领导的重新集中，尽管看上去好像是在剥夺基层管理者承担战略领域的责任。恰恰相反，它是由公司总部承担起平衡企业战略领域总体“组合”的责任。高层管理者开始承担起在不同领域中分配战略资源、增加新领域（多样化）、减少（或剥离）过时领域的责任。

随着企业开始参与解决合法性问题，由公司总部承担战略决策领导的假设将会加速实现。举个最近的例子，比如通用汽车公司，当该公司所有部门的战略行为都受到政府法规的类似影响时，这一点将变得显而易见。

今天，在工商企业中，我们可以观察到几种不同的战略决策领导模式：战略领导属于公司总部高层以下级别的总体管理层；所谓的“加尔布雷思模式”中，技术官僚是战略领导者；越来越普遍的是，公司管理层负责企业战略领域的投资组合，而较低层次的总经理负责管理组合内部的个别领域。

虽然总体而言，商业部门的决策领导是进取的和成功的，但是从战略领导理性的角度来看，情况却是喜忧参半。例如，许多战略领导者一味坚持将企业的抱负建立在利润最大化的基础上，即使是在抱负必须反映其他利益相关者价值观的情况下，也是如此。

其次，正如我们在第六章讨论过的那样，战略行动的选择在许多情况下是次优的。这种次优性在一定程度上是由于政治影响所致，这使得战略领导偏离了其选定的方向。在某种程度上，其原因又是领导层自身的“信息非理性”，这是对外部环境的感知被扭曲的结果（我们会在下一节中讨论这种重要的影响)。在某种程度上，原因是“文化非理性”，即经理们坚持追求对他们来说熟悉的和志趣相投的战略，即使这些战略对公司而言已变得非理性（我们在第八章描述过这种倾向）。

这种组织上的非理性常常导致战略领导者被时代抛弃。当经理们拒绝对变化的环境做出反应，他们的战略行为就会变得失灵。这类经理迟早要为绩效损失和失败负责，名誉扫地，并被那些准备为变化做出反应的管理者取代。

领导过时的过程凸显了一个事实：企业所需要的战略领导风格，必须根据环境的动荡变化而变化。这一事实与管理学文献中流行的一种观念相悖，这种观念将进取的创业精神奉为唯一理想的目标。正如我们在第六章已经讨论过的那样（参见图 6-1），创业精神确实适合高动荡的环境。但是，以本章的开篇语的作者埃德温·兰德为代表的创业天才，与今天的钢铁、煤炭或石油行业显得格格不入。相比之下，亨利·福特一世的战略保守主义恰好满足了 1900—1930 年间的汽车工业的需求。

人们常将创业精神与进取性混为一谈。普遍观点认为，创业家必定是进取的，而反应性的守成者必定是懦弱的。虽然人们肯定不会指责通用汽车表现出过度的创业精神，但很少有观察者，即使是保守的观察家，会否认通用汽车长期的进取的领导传统。

我们最后要讨论的是系统和分析型的问题解决程序在战略决策领导中的作用。如今，一个奇怪的悖论是，虽然战略决策是管理中最复杂、最重要的方面，但战略决策的过程却是所有管理决策过程中系统性程度最低的。这并不是说决策过程没有经过缜密思考和深思熟虑，而是意味着在战略决策中所处理的问题的复杂性，以及解决问题时所进行的正式分析之间存在着一种相反的关系。

这种看似矛盾的现象背后有多重原因。首先，许多经理和学者仍把战略决策过程看作一种深奥而神秘的活动，担心如果试图将其系统化，会破坏战略决策所需要的基本的创造力和愿景。因此，有些观察家建议，在战略动荡时期，经理们应该放弃使用系统，回归“朴素的管理”，以经验和直觉为基础。许多从未尝试过将战略思维系统化的经理们欣然接受了这一建议。

第二个原因是，直到20年前，战略决策的优先级还很低。因此，管理系统和解决问题的流程都是为了非战略决策活动及其过程定做的。

第三个原因是，系统的战略决策与流行的稳定性、反应性，甚至预测性的文化格格不入，这些文化倾向于用过去的经验来预测未来。

最后，系统的战略决策技术大概是在20年前才发明的，目前仍不成熟。虽然该技术在逻辑推理方面已取得显著进展。但现在缺少的是关于战略决策领导的心理 – 社会 – 政治方面的理解和技术。

不过，尽管存在保留意见，但目前对战略决策的系统性投入比人们普遍认识到的要多。无论一家公司的规模如何，资本预算流程都是一项标准化的程序，新投资计划和并购分析也是如此。大多数从事研发活动的企业都采用了项目评估技术和系统。研发预算成为年度预算流程的一部分。越来越多的企业依靠环境监测来进行决策。长期计划已变得非常普遍，经过十年的酝酿，战略规划终于开始蓬勃发展。

预测未来其实并非难事。实际上，当企业面临的问题是新颖的，与以前的经验无关时，直觉和经验往往就会失灵。因此，除作权宜之计外，不太可能退回到“凭直觉”的“朴素管理”。更为理想的做法是，着力寻找那些具备创造性的管理者，他们擅长解决新颖、复杂、非结构化的问题。这些管理者们的才能将会通过新的教学技术得到更加广泛的培养和提升。战略系统的应用也会日益广泛，这不是为了取代新的有创造性的个人，而是为他们提供必要的战略信息和对复杂情境的分析。战略系统还将更加频繁地促进战略领导者之间的互动与联系。

假设 9-6：企业领导力的复兴

当前的环境动荡的后果之一，是高层管理者逐步承担起战略决策的领导责任。

假设 9-7：管理过时

在环境动荡的转变期间，有些经理仍然坚持着那些在组织中已显得非理性的战略行为。这样的管理者注定会被取代。

假设 9-8：领导风格

有助于 ESO 成功的战略领导风格是由环境的动荡程度决定的。在稳定性的、反应性的环境中，创业型领导可能会危及 ESO 的生存。

假设 9-9：领导的进取性

进取性和领导风格没有必然联系，有进取的稳定型领导者，也有温和的创业型领导者。

行动领导

决策领导与行动领导的划分在某种程度上是人为的，因为二者是“同一枚硬币的两面”，在时间和空间上都无法分割。许多有关决策过

程的研究指出，将领导分为先“计划”后“执行”，并不能真实反映决策与行动在复杂的顺序反馈模式中交织在一起的战略现实。

但是，为了论述目的，这种概念上的划分还是有用的，因为这两个决策维度需要战略领导者做出不同的努力，需要不同的技能和才干。决策领导需要调动信息、智力、解决问题的能力和开发战略行动路线的创造力。而行动领导首先需要调动社会能量和动力来承担决策活动，即使结果看起来可能不受欢迎或者具有威胁性。其次，行动领导要求巩固执行战略决策的决心，即使这一过程会导致不受欢迎的行为变化。行动领导确保解决困难和棘手问题的意志，而决策领导则确保以创造性的方式解决这些问题。

我们前面的讨论表明，当战略推力稳定时，对行动领导和决策领导的需要是最少的。随着推力的进取性的增加，这种需求也逐渐增加。而在推力水平变化与 ESO 的主导文化相悖时，对这两种类型的领导的需求则最为迫切。我们将在下文中看到，在这种情况下，领导者的领导能力受制于他们所掌握的权力。

只有在杰出的领导者的身上，才能找到推力转变所需要的智力和社会领导能力的完美结合。通常情况下，战略领导者可能只拥有知识才能或者社会魅力中的其中一个。这种双重性要求会导致几种行为类型。一种是“分析瘫痪”，富有远见的领导者不停地制订与修正计划，却迟迟不见后续行动。另一种是“战略实用主义”，战略领导者对分析和设想持怀疑态度。这通常导致渐进的“摸着石头过河式”的战略行为。第三种类型是前面讲过的管理过时的另一种表现形式。一位有远见和创造力的领导者，扩大了企业活动的领域和范围，却无法调动社会能量将其转化为利润。其他领导者被引荐来取代他，管理产品和市场开发，整合并购的子公司，管理新建的风险项目。

假设 9-10

战略领导越来越需要三种典型行为的结合：政治家或权谋者、富有远见的创业者、有魅力的“实干家”。

假设 9-11

战略领导面对的最大挑战发生在 ESO 文化发生改变之时。

战略经理的行为

在前面的章节中，我们注意到，尽管有许多经理勇敢而有力地影响着企业，但也有许多经理的战略领导软弱无力，还有些经理甚至放弃了自己的战略责任。

对于这种行为差异，有几种互为补充的解释。一种解释归咎于对管理者权力的限制。正如我们在第八章中讨论的权力动态性，对高级管理层的权力限制会因权力结构的变化而变化。独裁式结构赋予了管理者权力，使其可以开启他认为可取的任何变革。在分权式结构中，他必须在被公共认可的观念体系内开展工作。他发现发动文化上可接受的变革相对容易，发动与文化规范相对立的变革将是困难的，例如战略推力水平的变革或引进更高水平的管理系统。在观念各异的分散式权力结构中，管理者的影响仅限于对抱负水平的改变，以及对产品、市场、能力与产能方面的渐进式变革。

在每种环境下，当经理试图进行超出其职权限制的变革时，他可能会受到组织中其他成员的阻挠。在某些情况下，提议的变革可能被“淹没”在烦琐而漫长的官僚化程序中。在另外一些情况下，反对派的权力中心可能会联合起来取代那位经理。

领导的另一个限制来自由法律、传统或社会压力对 ESO 战略自由的约束。我们已经把非营利组织战略管理的稀缺性与它们所处的狭隘的战略领域联系了起来。

战略领导的偏好也受到管理者角色相关报酬的制约。在许多企业，财务报酬与过去的利润绩效挂钩。因此，在环境动荡时，这类企业的经理们拒绝承担战略风险，因为这类行动会导致短期内利润减少。在非营利组织，报酬通常与任何类型的绩效都无关。因此，经理们不需要领导。

个人的战略文化、野心和风险倾向是决定领导力的另一项因素。这使人想起，表 8-3 不仅显示组织文化的情形特征，也显示了个人文化的情形特征。例如，那些“稳定性的”经理个人通常会回避和抵制创业行为，部分原因是个人和文化的偏好，部分原因是害怕暴露身份，部分原因是感到自己不称职，部分原因是厌恶风险。因此，战略领导行为的理性取决于个人文化与现实要求之间的契合度。

经理行为的进取性取决于他的个人野心和抱负。有些经理在动荡中如鱼得水，而另一些经理则更偏好平稳的、无风险的工作节奏。有些经理以强烈的目标或成就为导向，有些经理更加关注过程，还有些经理喜欢“美好生活与银行存款”的理想组合。

当经理缺乏动力或者无法担任战略领导者时，他可能会将精力投入到发挥政治影响上来谋取个人利益。他这样做的可能性不仅取决于其个人驱动力的强弱，还会受到其职位的权力大小及其岗位安全性的影响。例如，想象一位在非营利组织中担任经理职务的人，他所在的部门是对 ESO 的运作至关重要的信息来源，由于他的国家公务员身份，他的工作有保障，薪水也仅仅取决于他的资历。这个经理有很大的行为自由。相反，想象一位企业经理，他在上级的提名下担任职务，他的薪水与利润挂钩，他所在的部门在企业中也没有什么话语权，那么这个经理几乎没有偏离其工作职责的自由。

近年来，人们开始认识到经理的个性与其承担的角色之间匹配的重要性。许多工商企业长期以来一直专注于管理能力培训，试图将它们的经理人塑造为单一的文化风格，像一个模子里刻出来的。不同企业形成了各自不同的刻板印象。例如，人们认为“壳牌人”不同于“通用电气人”，也不同于“IBM 人”或“联合利华人”。但在每家企业内部都用同样的刻板印象行为要求每个人。用格特鲁德·斯坦（Gertrude Stein）的话说：“经理，不论何时，都仍是经理。”人们期望经理能够在任何领导职位上表现出同等的技能和承诺。例如，一家大型美国企业将其在美国的冰箱营销分部的负责人调到法国担任一家技术先进的计算机公司的总裁，且并不认为这样的做法有何不妥。

经验表明，在企业内部，单一的文化模式还是行之有效的，因为大多数人愿意适应组织的文化和接受其熏陶。少数行为不合组织文化的人会流向其他企业。还有一些行为不合组织文化的人会继续留在企业，并想方设法“逃避”体系的约束，或者使 ESO 的文化符合他个人的野心，或者改造文化。

在企业外部，单一的文化模式也是起作用的，正如我们已经多次讨论过的那样，在 20 世纪上半叶的环境中，通过统一的文化导向取得成功是可能的。20 世纪 30 年代前是生产导向，之后是营销导向。不同时期，不同的文化占据主导地位，被边缘化的文化（如研发）虽然做出了次优贡献，但并未对企业的成功产生决定性的影响。

自 20 世纪 50 年代以来，企业的成功变得越来越依赖于领导风格组合的共同作用：稳定的保守型领导、成长型领导、魅力型创新领导、政治家型领导。因此，可以有把握地预计 ESO 会从单一的文化模式逐渐转向“多重管理者”的理念。总经理担任的角色会根据任务的性质

而有所区别，ESO会培养和提升经理担任管理角色，以最大限度地发挥他们的独特个性和个人抱负。通用电气公司早期就是专业经理人概念的坚定支持者，而如今它在引进多重管理概念方面再次发挥了领导作用。这一事实也为上述预测提供了佐证。

假设 9-12：战略领导的权力限制

在没有生存危机的情况下，战略领导能够带来的变革幅度受制于它掌握的权力。当管理层试图超越这一限制时，它的领导会遭到ESO的反对。

假设 9-13：战略领导的合理性

领导层对ESO施加影响的合理性受到其权力和外部战略约束的限制。

假设 9-14：战略领导的进取性

领导层的进取性取决于经理们的个人驱动力，以及他所担任角色的回报能否符合其个人抱负。

假设 9-15：战略领导者的政治行为

战略领导者的政治影响行为的力度与下列因素成正比：

（1）他们个人的进取性。

（2）角色回报与个人抱负之间的关系失衡。

（3）职位所带来的权力和安全感。

假设 9-16：“多重管理”趋势

在未来，传统的“公司型”管理者的刻板形象，将会被适应不同领导要求和个性特征的角色取代。

对环境的感知

战略领导关注的是根据环境带来的可能性和威胁调整战略行为。这种调整的质量取决于 ESO 所掌握的信息的质量。因此，战略管理的一个关键职能是检视环境的变化和趋势，并将其转变为 ESO 的绩效潜能。这是一个复杂的过程，既有主观因素，也有客观因素。其结果是 ESO 对环境中存在的客观现实的管理认知，即对 ESO 未来发展的一系列信念。我们把这类信念称为“绩效预期”。

定义

绩效预期指管理层相信 ESO 能够达到的绩效。

有三种信息有助于形成绩效预期。第一种信息来源是 ESO 内部已有的绩效数据，利用外推法可以对未来的发展潜力进行预测。第二种信息来源是外部环境，它能够提供未来发展趋势与外推法预测结果之间可能存在的偏离信号。如果这种偏离不太可能发生，那么外推法足以有效预测未来的绩效。然而，如果这种偏离是重大的，预期的形成就需要借助第三种信息来源，即内部信息。这包括 ESO 的能力、产能和资源（在商业文献中经常被称为“优势和劣势”），用于应对那些在未来环境中外推法无法解决的问题。

这三类信息的加工处理分为几个步骤。首先，我们常用第一种和第二种信息进行环境预测，这种预测可以识别环境中对一个合格的 ESO 来说潜在的市场份额。其次，估计 ESO 获得潜在市场份额的资格。这包括 ESO 的能力分析（优势和劣势分析）。最后，应用 ESO 的优势和劣势进行环境预测，以获得 ESO 的预测（在企业中通常叫作“销售预测”）。

在大多数非营利组织和小型企业中，它们的预测过程都是非正式的。各个因素之间的顺序和相互作用都不明确。管理人员需要同时进行观察、估计和判断。

影响结果准确性的关键因素是管理者的战略文化，它决定了管理者看待环境的时间视角，以及他可能接受的备选方案的范围。如果他的时间视角符合或者超过了环境变化所需的时间跨度，如果经检测的事件涵盖了环境中可能出现的不连续性的范围，那么管理者的预期就会准确反映环境中可能的进程。但如果时间和行动的视角比环境的视角狭窄，重要的未来事件就可能被排除在外，有些事件就会因为ESO感知太迟而无法及时做出反应。因此，预期将会变得不准确和不切实际。

定义

如果ESO对环境的感知范围比需要捕捉到的全部环境动荡的范围狭窄，我们会说ESO是目光短浅的。

如果ESO的感知范围与环境的动荡相一致，我们会说它是与环境相协调的。

当ESO的感知范围超出了当前的环境动荡，我们会说ESO是深谋远虑的。

目光短浅的ESO会有不准确的绩效预期。只要环境动荡的水平保持稳定，与环境相协调的ESO的预期就有可能是准确的（但这也取决于预测技术的好坏，下文将对此进行讨论）。但是，当环境动荡水平发生转变时，“协调的”ESO会迅速地变为不协调。这种情况通常发生在环境动荡水平长期稳定后，突然升高或降低至新水平时。在变革期间以及变革之后的相当长的一段时间，大多数ESO对新的动荡水平的反应通常是目光短浅的。一个很好的例子就是，美国汽车行业终于逐渐意识到美国政府介入汽车行业监管的影响。

深谋远虑的 ESO 有两个方面的优势：它能使 ESO 预见到环境动荡的变化，因而避免出现战略意外；它能使 ESO 预见到威胁和机遇，并先于行业中其他 ESO 做出反应。但是，有远见的 ESO 在总量中只是少数。

当预期以非正式的形式出现，文化以外的其他因素也是导致预期不准确的原因。这些因素包括独立观察能力的有限性，以及直觉和经验的局限性。在稳定性 / 反应性的环境中，直觉和经验是管用的；但在预测性的环境中，它们就变得不充分了；在探索性 / 创造性的环境中，它们可能会导致错误的结论。

许多大中型企业认识到这些局限性，越来越多地采用正式的调查和预测方法。由员工编写环境调查报告并提交给决策者，决策者对预测的准确性和“现实性”进行检查和修改，并将结果作为企业的官方预期予以公布。正式过程是明确而连续的。首先，员工编制预测。然后，这些员工预测被转变为管理层预测。这两种预测都是以书面形式呈现的，并传送给相关的决策中心。

像非正式过程一样，正式预测同样有其内在的局限性。我们将其中一种局限性称为“预测滤器”，它源自进行预测时采用的方法论。通过回顾表 6-2，我们可以发现，处在不同胜任能力状态的 ESO 使用不同的环境检测和预测技术。稳定性的胜任能力依赖过去的经验，而不进行正式的检测或预测。反应性的胜任能力正式推断过去的成本（通过编制预算）。预测性的胜任能力则增加了正式的绩效外推（通过销售预测）。这三种方法都基于一个假设——未来的趋势将是过去趋势的平滑延伸。然而，这三种方法都无法捕捉趋势的重大变化及可能出现的突然中断。

如表 6-2 所示，探索性 / 创造性的胜任能力采用的是预测可能偏离过去模式的技术。其中包括德尔菲技术、影响分析、情景模拟、形态图、环境建模等。但是，不同的技术可以捕捉到未来潜能的不同方面。有些技术适用于处理趋势的转变，如形态图和环境建模；而另外一些技术则试图捕捉可能改变趋势的单一事件，如德尔菲技术和影响分析。

因此，用于预测的技术是在管理层与环境之间设置的一个滤器。目光短浅的预测滤器比环境动荡的范围更为狭窄，会给管理层提供不准确的预测。只有假设环境动荡水平是稳定的，与环境协调的滤器才能准确地反映环境状况。反之，深谋远虑的滤器则能预测动荡的变化。

第二种类型的滤器是由决策者的文化视角决定的。如果这种文化感知滤器比预测滤器更狭窄，管理层对环境感知将进一步受限，他们会拒绝那些与过去经验不吻合的信息，将其视为不准确或无关紧要。最近的"石油危机"就是一个典型的例子。危机爆发后，许多企业声称"措手不及"，但其实这些企业完全有能力对阿拉伯国家的行动做出准确而详细的预测，只是在事件实际发生之前，这些预测被认为是不可能或毫不相关的，因此管理层选择置若罔闻。

假设 9-17：组织的目光短浅

在环境的动荡变化期间，ESO 通常会变得目光短浅。因此，他们的反应会滞后于环境中发生的事件。

假设 9-18：经过滤的绩效预期

ESO 绩效预期的准确性，受到预测滤器和感知滤器的双重限制，通常由那个更加狭隘的滤器来确定。当更狭隘的滤器将重要的环境趋势和可能的事件排除在外时，不论预测技术计算的精细程度如何，ESO 的绩效预期都会变得不准确。

预期的沟通

关于预期的了解和认识，不论它们的质量如何，通常仅限于ESO的小部分参与者。在工商企业中，对战略决策负有责任的总经理们最为了解和关注这些信息，其次是与环境保持着持续的联系并扮演“接口功能”的部门（例如营销、公共关系、劳资关系、研究与开发）经理。但是，绝大多数与ESO内部经营有关的内部经理和技术官僚，他们通常对ESO的未来不怎么关心，对其情况也知之甚少。

非营利组织中往往缺乏正式的沟通系统。通常，沟通是非正式的、带有传闻性的，仅限于ESO相同层级之间的交流。因此，当负责的行政官员意识到ESO的生存面临危险时，他们与组织中的其他成员就会产生**沟通隔阂**。正如我们已经讨论过的，当面临危机时，ESO会压制那些目光短浅的政治影响行为，转而去支持那些承诺拯救组织的战略领导者。但在危机感弥漫整个组织之前，这种情况不会发生。

要消除这种沟通隔阂，不仅需要传递有关危机即将发生的信息，也需要让信息的接收者们相信信息是真实有效的。这是一个棘手的过程，一方面，过于赤裸裸地揭示危机的全部真相可能会引发恐慌；另一方面，如果高级行政管理人员在揭露信息时过于谨慎，他们的信息可能缺乏说服力和份量。如果行政部门以前的行为是政治性的，缺乏战略领导力，这种困境尤为明显。当这些行政官员突然发出严重困难的信号时，人们可能会怀疑他们这样做是为了控制组织，或者是为了寻找替罪羊。因此，即使高层管理者确信危机即将来临，其他人也会在相当长的一段时间不认同他们的期望，而是“一切照旧”。通常情况下，只有出现明确的实际危机迹象，才会促使队伍靠拢，对问题达成一致看法。

工商企业，特别是大中型企业，通常建立了正式的沟通系统，参见表 6-2 的（d）、（f）和（g）行。但说来也怪，今天的大多数企业中，沟通系统仍然是双重的。在表 6-2 的所有胜任能力层次中，通常有一个以绩效为基础的沟通系统，定期报告过去全年的绩效成果。这些成果在所有管理层级中广泛传播。在具有预测性、探索性和创造性能力的企业中，还有第二套系统来传播前几节所述的预测结果。预测的沟通渠道通常不同于绩效沟通的渠道，而仅限于负责计划过程的个人。预测信息通常每年发布一次，为新一年的业务周期做准备。

因此，与非营利组织相比，工商企业在组织内部沟通重要战略信息的机会要大得多。但工商企业的业务系统也有其缺陷。其中之一是，预测信息仅限于在年度报告中的披露，这就延迟了组织对计划周期期间发生的重大变化的认识。另一个缺陷是，正如我们在第四章中讨论过的，信息仅限于“强信号”，它使企业无法对快速发展的变化发出早期预警。

第三个缺陷，一方面来自沟通系统的双重性，另一方面来自预期仅能被有限传播的结果。参与战略转变的大多数人，通常只看到过去的绩效成果。当出现需要从根本上调整战略方向的情况时，高层管理者通常会在既定的预期—沟通系统内沟通，而将更多受调整影响的人排除在外。战略转变一旦触发，这一大群人常常会感到措手不及。

在管理层试图在战略转变之前与所有相关人员沟通时，仅仅习惯于处理过去绩效成果的人很难理解和解释新信息。无论在哪种情况下，都会出现沟通上的隔阂，从而加剧变革的惯性抵制。

假设 9-19：预期与沟通隔阂

作为动荡变革的结果，当 ESO 的总体管理层的预期突然发生改变时，其他参与者对这些预期的感知就会滞后。这种滞后的时间长短与 ESO 内部的战略信息系统的质量成相反关系。

STRATEGIC
MANAGEMENT

第十章

战略选择模型

“我们在研究文化时，不能仅仅从经济、宗教或结构等单一角度出发，而要从多元的视角看待它所具备的要素。”

——格雷戈里·贝特森

“人类决策模式的演化必须是被放大而非被取代，被理解而非被忽视，被重视而非被看不起。”

——米兰·泽莱尼

正如我们在本书前面章节的做法，本章首先进行探索性讨论，然后尝试将战略选择的几个决定因素整合在一起。

为了让读者更好地理解“由树木定义的森林整体”，我们采用了决策流程示意图的方式，简明扼要地描述了要素之间的主要关系及其相互作用。但是，对于那些没有受过正规逻辑训练或不习惯使用流程图的读者来说，可能会觉得很难跟得上我们的推理。因此，针对这类读者，我们将在下一节中提供有关作用于战略选择和战略行为的主要力量和影响因素的文字概要。

行动潜力和影响潜力

在前几章中，我们已经探讨了决定 ESO 战略行为的若干关键力量和影响因素。在接下来的章节中，我们要把这些力量放在一起，阐述行为的两个方面：这些力量组合在一起产生战略选择的方式，特别是对环境的认识、抱负的选择，以及战略推力的选择；从一种战略模式向另一种战略模式转变期间，这些力量相互作用的方式。

我们可以将战略行为的主要力量和影响因素再细分为两组。第一组更适合被称为“影响”而非“力量”，因为虽然它们对战略活动有实质影响，但这类影响更多的是被动式的。这些影响因素是：

战略文化。让我们先回顾一下，战略文化就是战略行动倾向。在一个特定的组织单元中，这种倾向通常是指某种特定类型的战略推力。ESO 在采用这种类型的推力时，其文化便会发挥支持作用。在行为模式与之截然相反时，文化就会抵制和阻挠战略推力，而抵制的程度与它们偏好的推力和强加的推力之间的差异成正比关系。在下一章中，我们会把这种文化影响看作社会惯性的文化组成部分来进行模型预测。

接下来的两项影响因素可以放在一起讨论，因为它们对战略行动具有相似的影响。它们分别是管理胜任能力和后勤胜任能力。在推力水平和胜任能力匹配时，就会产生最佳结果。

随着胜任能力和推力之间的差距扩大，结果的有效性就会不断下降。在极端情况下，当差距很大时，胜任能力就会成为推力的遏制因素，实际上会产生负面结果。因此，举例来说，试图迫使一家具有稳定性胜任能力的企业采取创造性行为，最后肯定是无利可图的。

后勤胜任能力和管理胜任能力不仅会影响结果，还会影响战略行为的选择。深植于 ESO 中的传统的系统、架构和程序会产生一种惯性动力，抵制和阻挠与胜任能力不一致的战略推力。在社会学文献中，这种类型的影响被称为传统的力量，它倾向于延续过去的行为。我们会将其看作社会惯性的系统组成部分。

最后，组织的产能对战略行动有非常重要的影响，当产能不足以支撑 ESO 选择的战略预算时，就会出现排队和时间延迟的情况。

这些影响因素在战略行为中扮演的都是被动而非主动的角色。它们不会触发战略行动，但会对战略行动的进程和结果产生重大（积极或者消极）的影响。

定义

我们把那些对战略行动的进程和结果产生影响的一组因素称为战略行动潜力。

另外还有一组更适合称之为“力量”的因素，它们会触发战略行动，影响战略行动选择。这些力量是：

（1）个体或群组的绩效抱负。

（2）影响战略推力选择的文化抱负。文化既可能发挥积极作用，也可能产生消极作用。文化在多大程度上发挥积极作用，取决于以下三种“力量”：

- 关键个体和群组的成就驱动力。
- 权力结构，它决定了不同个体将自己的抱负传递给他人的能力。
- 战略管理，它对于所谓的组织理性行为的影响，取决于角色结构、回报，以及承担战略领导角色的个体的权力。

定义

我们把那些影响战略行动启动和选择的一组“力量”称为战略影响潜力。

概括地说，战略影响潜力发动战略变革并选择变革的目标和方式，而战略行动潜力则影响变革的进程和选择的结果。接下来，我们将更加系统地探讨这两类潜力如何相互作用。

绩效预期模型

关于未来可能性的信息来源于环境和以前的历史。就后者而言，首先，ESO 可以了解自身及其竞争对手的历史绩效。以工商企业为例，它的历史数据包括销售额、利润、市场份额、销售回报、投资回报等。其次，ESO 可以根据对过去的绩效起决定作用的事件和力量来描述它的过去，例如，国民生产总值、市场结构、技术变革、竞争行为等。最后，ESO 也可以根据随着时间的推移而形成的能力和产能来描述它的过去。

如第五章所述，历史信息可以依照两个关键维度来提炼总结：事件的可预测性及其与以往的经验不连续的程度。

这两个维度共同描述了历史环境的动荡性。我们用一组事件 $\{A\}_H$ 表示历史的动荡性。下标 H 表示历史普遍的动荡水平。这样 H=1 就表示稳定性的动荡水平，H=2 表示应对性的动荡水平，依次类推。

除历史事件之外，ESO 还可以观察变化的模式：历史事件和趋势相对重要性的变化、新出现的事件和趋势、决定未来绩效可能性的各种力量之间的新关系。

我们通过一组集合 $\{A\}_T$ 来模拟变化的模式，其中下标 T 表示未来环境中可能出现的动荡水平，比如，从过去的预测性环境（H=3）转向探索性环境（T=4）。

这两组集合如图 10-1 所示，其中环境事件和力量可以分成两个维度来描述：纵向来看，第一个维度代表的是可预测性（这是 ESO 必须开始做出反应的知识状态，详见第五章内容）；横向来看，第二个维度是历史事件的不连续性程度（结合新颖性和频率来衡量）。这两个形状不规则的图形是 $\{A\}_H$ 和 $\{A\}_T$ 的边界。

通过比较这两个集合，我们可以看到未来的动荡程度要比过去大得多：与过去相比，许多新的事件将会发生，它们的影响速度也将更快，不连续性也会更加明显。这有力地表明，未来绩效的可能性将与过去大不相同，并将由与过去不同的因素决定。

要描述即将发生的动荡转变，有一种简单但不完善的方法，即比较不同事件集合中每个极端事件的坐标。这样集合（P_H, D_H）比集合

(P_T, D_T) 的事件冲击的可预测性更高，最大不连续的程度更低。

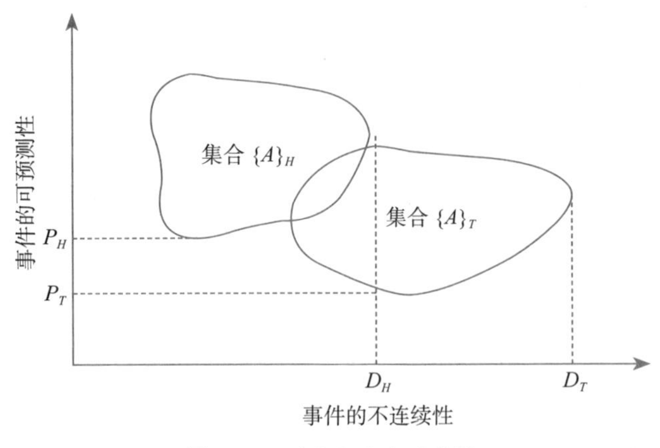

图 10-1　过去和未来动荡性

在图 10-2 中，我们模拟了 ESO 获取信息并将其转变为未来预期的不同方式。根据前面的讨论，我们把信息来源再细分为历史的环境和未来的环境，它们分别以动荡水平 H 和 T 作为特征。

如图 10-2 所示，有些 ESO 既不记录自己的历史，也不关注所处的环境。这些 ESO 通常是满意原则的遵守者，它们的生存门槛是危机。除了迫在眉睫的生存威胁外，它们不受任何环境影响。它们的生存方式是日复一日地解决昨天的问题。这类 ESO 的成员对未来缺乏共同的预期。

还有一类非常重要的 ESO，可能是数量最多的一类，它们不主动检测环境，但它们有一种历史传承感。这种传承感的形成要么是因为有着过去业绩的书面记录，要么是因为管理者们共享的记忆。

第三类 ESO，通常是工商企业，它们不仅重视历史，也关注周围的环境。这类 ESO 通过会计系统记录了无数内部曾发生的事件和交易。这类 ESO 对环境的检测范围覆盖从个人与环境的非正式直接接触，到试图寻找超越管理层的直接感知的重要信号的复杂系统。

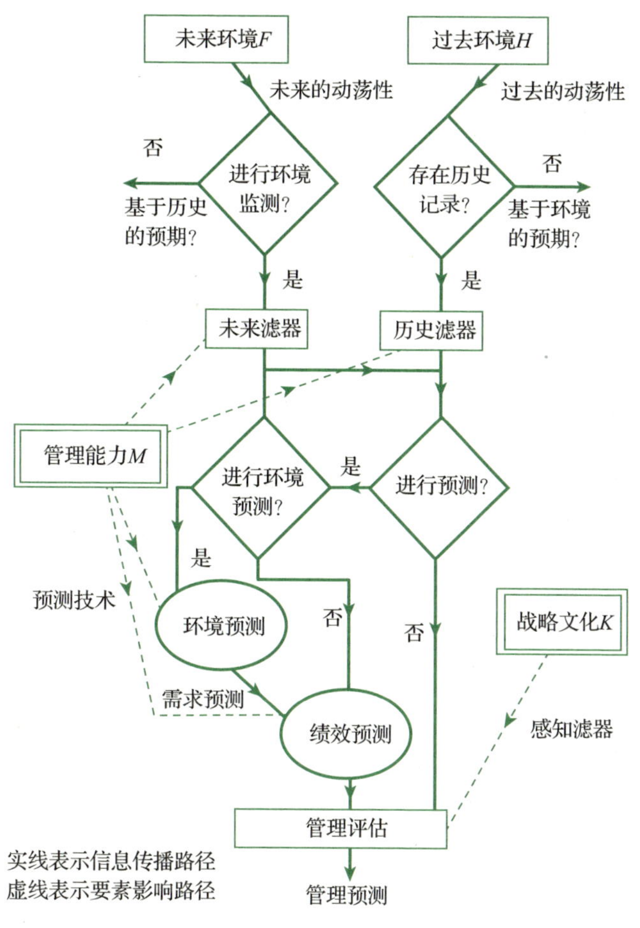

图 10-2　预期的形成

但通常仅有一部分可用信息被输入 ESO 进行后续处理。如图 10-2 所示，未来的前景和过去的历史都要经过“检测滤器”的过滤。在没有正式管理信息系统的 ESO 中，滤器受到经理们观察和解释数据的个人能力限制。在有正式管理信息系统的 ESO，滤器的特征取决于系统使用的技术。

如果管理者或系统的观察能力比环境动荡的范围更有限、更狭隘，检测滤器会把重要的未来可能性排除在外。结果是，ESO 对外部实际

情况的描述将会是不完整和不准确的。这种情况可以用图 10-3 表示，其中用虚线表示的“检测滤器”显示了限制性滤器是如何排除部分历史记录和大部分未来的可能性的（我们马上就会讨论图 10-3 所示的其他滤器）。

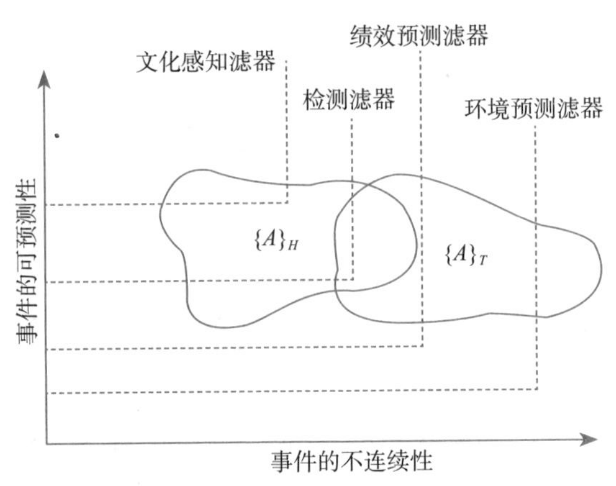

图 10-3 战略文化和管理能力对动荡感知的影响

回到图 10-2，我们可以发现，对被检测信息作进一步加工可以遵循几种路径。如果 ESO 没有正式的预测流程，信息就直接交给决策者，在这种情况下，决策者很可能也是一个检测者。

决策者会利用信息形成他个人对 ESO 的未来预期。在此过程中，他会判断检测数据的有效性和可靠性，因此他会借助于感知滤器。这种滤器的局限性主要源于管理者的自身战略文化、个性特征及过往经验。

扫描到的信息还有一种用途，那就是作为对未来的正式和明确的预测和估计的输入值。如图 10-2 所示，该过程的下一步取决于 ESO 是同时进行环境预测和绩效预测，还是只进行绩效预测。

直到大约 15 年前，有组织的预测工作还主要发生在大中型工商企业中，且大多数企业仅限于绩效预测。正如我们之前讨论过的，在缺乏环境预测的情况下，绩效预测主要依赖的是历史外推法。回到图 10-3，我们可以看到，在使用外推法进行绩效预测时，引入了另外一个滤器来限定用于集合 $\{A\}_H$ 的数据，并排除 $\{A\}_T$ 集合中与 $\{A\}_H$ 不重叠的大部分内容。在图 10-3 中，文化感知滤器决定了管理层使用信息的丰富程度。该图说明了一种情况，将检测信息输入预测流程限制了它们的准确性，其中，文化感知滤器是绩效预测最后的限制因素。这是对于管理层而言系统过于复杂的情况。

正如我们前面讨论的，大约 15 年前，环境的可预测性不断降低，使得外推预测法越来越不足以满足需求。因此，企业对环境预测的兴趣与日俱增。

我们在前面也曾提到过，环境预测利用对历史和未来的动荡的认识，将检测的信号转变为未来潜在的需求。这种潜在的需求为绩效预测提供了比直接外推法更可靠的依据。但同样，如果采用的环境预测技术不够强大，不足以处理集合 $\{A\}_T$ 覆盖的全部不连续，它会阻碍 ESO 感知环境的整体丰富度。例如，如果该项技术是“平滑”预测法，它将预测环境中的平滑趋势，而事实上，环境可能存在很大的不连续性。模型法（例如德尔菲法）可能只关注单一事件的冲击，而对长期趋势的重大变化却一无所知。

因此，虽然环境预测可以丰富和完善绩效预测，但如果其范围仍不能与环境的动荡相匹配，它就无法让 ESO 全面了解环境。图 10-3 中的环境预测滤器就说明了这一点。

因此，在输入的信息到达决策者手中之前，它需要经过三个滤器。它们分别是检测滤器、环境预测滤器和绩效预测滤器。我们可以把这三个滤器合并为一个概念，统称管理能力滤器，在图 10-2 中，我们将其标记为 M。

当绩效预测最终传递到管理层时，它将再次被管理层的感知滤器过滤，我们称之为 K。如果 M=K，即使它完全不切实际，管理层也可能对预测的结果非常满意，因为绩效预测肯定了管理层的看法和偏见。如果 $K > M$，管理层会认为预测过于简单和局限，管理层会想方设法丰富预测内容。如果 $K < M$（这种情况参见图 10-3），管理层很可能会认为预测者的想法是天马行空、不切实际的胡思乱想，会设法使预测变得更“实际”，这意味着要使预测更加符合过去的经验和看法。

管理层并不是一定喜欢非外推式的绩效预测。由于企业文化不同，不同的经理对过去、现在和未来这三个时间维度的重视程度也会有所差异。不同经理的这种预测偏好会影响对“官方”预期的选择。我们可以用简单的“权力平衡”公式来描述这一选择：

$$E=\alpha P^{-t}+\beta P^{0}+\gamma P^{t}$$

$$\alpha+\beta+\gamma=1$$

式中，E 是某个绩效维度的管理绩效预期；P^{-t} 是向后看的经理们的绩效预期；P^{0} 是依赖当下的经理们的绩效预期；P^{t} 是那些未来导向的经理们的绩效预期。

我们可以从两个方面解释这个公式。首先，它反映了群组影响过程的结果。在此情况下，α、β、γ 是不同经理的相对权力系数。或者，我们可以把它解释为经理个人在得出个人期望时平衡不同输入值的方式。在此情况下，α、β、γ 衡量的是他依赖过去、现在还是未来的个人倾向。

在这两种情况下，α、β、γ 的系数也是对文化的描述。这样：

β=γ=0 存在于稳定性文化中，ESO 依赖过去。

γ=0 存在于反应性文化中，ESO 活在过去和当下。

α=0 存在于探索性文化中，ESO 认为过去不是未来的可靠的向导。

α=β=0 存在于创造性文化中，ESO 关注的是“崭新的未来”。

对于喜欢数学的读者，我们在图 10-4 中，提供了反映其逻辑过程的正式模型。

检测过程应用检测集合 $\{A\}_M$，得到感知环境 $\{A\}_F$：

$$\{A\}_F=\{A\}_T \cap \{A\}_M \cap \{A\}_H$$

环境预测生成需求函数：

$$D_F=f_M=(\{A\}_F)$$

式中，f_M 表示管理能力在 M 水平上的预测技术。

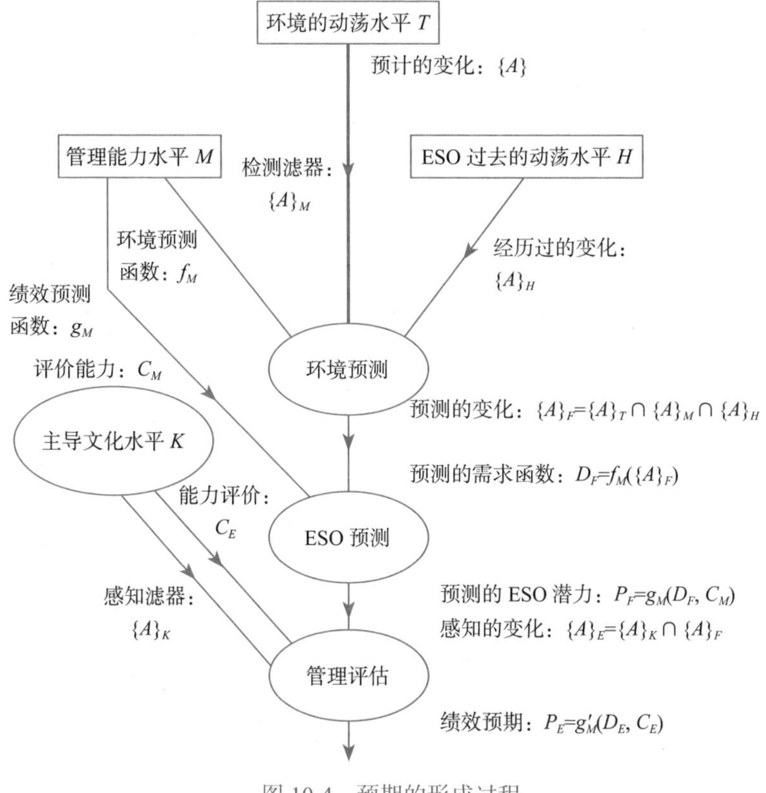

图 10-4　预期的形成过程

绩效预测将需求转化为未来的绩效：

$$P_F=g_M(D_F, C_M)$$

式中，g_M 是预测技术，C_M 是对 ESO 能力的评价（“优势和劣势”）。

管理层接下来将其文化滤器应用于预测，通过：

（1）改变可能的事件集合（可能使集合 $\{A\}_F$ 内容更加丰富或更加贫乏）：

$$\{A\}_E=\{A\}_K \cap \{A\}_F$$

（2）调整需求函数：$D_E=f'_M(\{A\}_E)$。

（3）调整对 ESO 的优势和劣势的估计，从 C_M 到 C_E。（在工商企业，经理们通常认为公司的能力要比分析师们认为的高）。

（4）调整绩效预测，以获得管理预期，$P_E= g'_M(D_E, C_E)$。

总的来说，我们认为上述模型适用于不同类型的企业战略预期的形成过程，无论是基于判断过程还是基于不同类型的管理技术。我们在第九章用文字阐明了上述论证演绎的基本假设。

绩效抱负模型

在第八章，我们探讨了在抱负形成过程中相互作用的三种影响因素。它们是：由管理层设立的理性目标；有影响力的个体和群组的绩效偏好；习惯的、传统的和过去的成功经验的力量。

在抱负形成行为的过程中，这三种影响因素通常难以明确区分。但为了理论的构建，我们还是用图 10-5 所示的方式展示它们的区别。与之前的模型一样，图 10-5 可以从两个不同的方面进行解释。对于那些以明确而正式的方式设置目标的 ESO 来说，这张图反映的是目标设置过程的模型（通常紧随其后的是执行）。对于那些目标并不明确的 ESO 来说，图 10-5 要解释的是，在组织的结果完成后，ESO 中决定是否应该修改或维持过去的战略行为的各种力量的组合。

为便于建模，我们把有影响力的参与者分为两类：一类是经理，他们的角色是引导和控制他们负责管理的各个业务单元；另一类是利益相关者，即有权力影响ESO行为的其他个体和群组（包括内部人员和外部人员）。这两类成员都希望通过ESO的成果来实现他们的个人绩效抱负。如前所述（也如图10-5所述），经理不同于利益相关者，他们的个人抱负与领导角色的要求之间存在冲突。

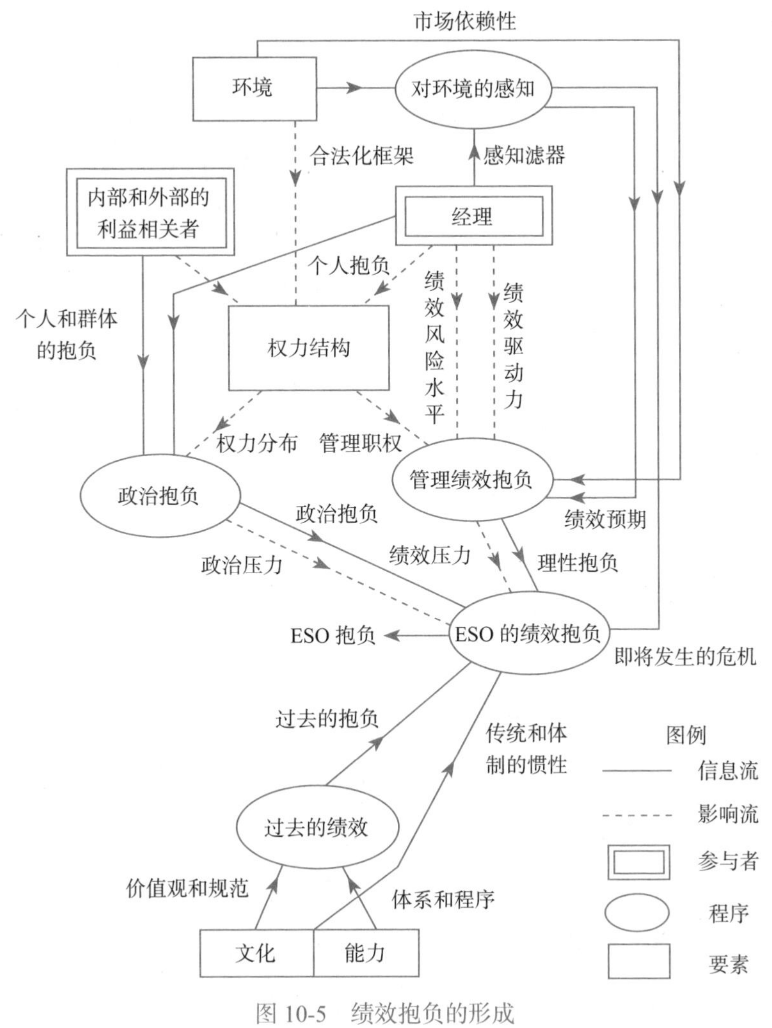

图10-5 绩效抱负的形成

如前所述，在典型的非营利组织中，经理们放弃战略领导责任，转而选择追求他们个人的目标，并与利益相关者联合起来参与政治斗争。用图 10-5 的语言表达，这意味着即使经理有权这样做，他们也没有积极地发挥出绩效驱动力。结果就是，标有“管理绩效抱负”的椭圆形区域变得萎缩，环境预期对其抱负毫无影响。这种情况与社会学文献中常见的模式相吻合。在这种模式中，管理层并不被看作具有独特影响力的客体。

而另一个极端相反的案例是，在某些工商企业中，经理们完全是受利润驱动的，权力集中在高级管理层手中。在这种情况下，标有“政治抱负”的椭圆形区域是萎缩的，模型描述的完全是以利润为导向的行为。

大多数企业和许多非营利组织的行为介于这两种极端之间。管理层的领导力和政治影响都很重要。但是，管理者总归也是人，他们把一部分精力用于担当战略领导人，另外一部分用于政治博弈。

在所有情况下，战略文化、能力和 ESO 行为的历史都会对抱负（参见图 10-5 下部）产生额外的影响。正如我们在第八章中详细讨论的那样，ESO 的历史文化和能力会通过价值观和规范、制度化的程序以及正式的管理系统来影响 ESO 的行为。这些影响支持并强化了过去的抱负与理性和政治偏好的持续对抗。

图 10-5 表明理性的抱负的一项主要输入是上一节模拟的未来绩效预期。在把这些未来绩效预期变为抱负的过程中，保守的经理人会降低抱负水平以规避风险，进取的经理们会采取相反的做法。因此，理性的抱负最终可能会低于或高于预期。这一结果将受到四种因素的影响。

第一种因素是在管理角色中制度化的预期的进取性。这些通常是通过文化规范和报酬与绩效关系的结合来表示的。对于企业，文化规范通常要求最大化的进取性，对于非营利组织，则要求能使 ESO 长期生存的稳定而充足的收入。

第二种因素是 ESO 的市场依赖性。如前所述，对于企业而言，市场依赖性是绝对不可谈判的。在非营利组织中，ESO 需要一定的总收入水平来维持日常运营，即 A_r^T，其中 r 表示“管理的”，T 表示“全部的”，其中有一部分，我们定义为 S，来自补贴。这样，非营利组织对市场的依赖性可表达为 $A_r^T(1-S)$。

第三种因素是经理们的个人进取性，这一点我们在第九章讨论过。在图 10-5 中，它由管理层的风险倾向和其准备应用于 ESO 的管理绩效驱动力这两者的结合来表述。

第四种因素是管理层在权力结构中的管理职权。

把这四种因素结合在一起，我们可以将 ESO 的管理抱负描述如下：

$$A_r = A_r^T(1-S)+(E-A_r^T)\cdot p\cdot l\cdot a$$

式中，A_r 是管理抱负；A_r^T 是生存所需要的收入；S 是从补贴中获得的 A_r^T 部分；E 是绩效预期。$0 \leqslant l \leqslant \alpha$ 是角色制度化预期的进取性的度量；$0 \leqslant l \leqslant \beta$ 是管理绩效驱动的度量；$0 \leqslant \alpha \leqslant l$ 是管理职权的强度；α 和 β 是角色的进取性和管理驱动的上限，通常小于 l，意味着 ESO 将其抱负降低至预期。但在进取性最大化的企业，α 和 β 都大于 l。

我们可以用文字表达上面的公式：

假设 10-1：管理绩效的决定因素

作为最低限度，管理层追求生存收入。此外，它追求绩效预期和生存之间的差异中的一部分，这与下列因素成比例关系：

（1）对管理角色的预期。

（2）个人的管理驱动力。

（3）管理职权。

我们把最后一点包括在内，是为了说明这样一个事实，即大多数经验丰富、进取性的和注重实际的管理者都会提出理性抱负，并将这些抱负按照他们掌握的控制权成比例地施加给 ESO 其他成员。

如图 10-5 所示，形成理性预期后，管理层会把它们引入整个 ESO 的抱负形成过程。为了支持 ESO 的抱负，管理层会施加绩效压力，根据上述定义，这种压力可以描述为 $r=a \cdot e$。

如图 10-5 所示，政治抱负是通过个人和群体，就其绩效偏好的谈判 / 交易协商的政治影响过程而形成的。如前所述，在分权式权力结构中，交易协商通常针对可接受的抱负维度内的绩效水平；在分散式权力结构中，交易协商的重点更有可能是调和与多个权力群体休戚相关的、不同的抱负特征偏好。由于在分散式权力结构下，理性抱负（例如盈利）经常与利益相关者的抱负（例如工资、就业保障、权力）相冲突，这时政治抱负一般会起到削弱理性抱负的作用。

探讨政治影响过程的详细动态和多样性超出了本书的范围。为了实现建模的目的，我们把谈判和交易协商的后果表示为各个利益相关方诉求的加权平均值，其中加权因素是每个利益相关方的权力潜力。这种关系可以表述如下：

$$A_P = \frac{1}{N}\sum_{i}^{N} P_i A_i$$

$$\sum_{i}^{N} P_i \leqslant 1$$

式中，A_P 是通过影响过程达到的政治抱负水平，A_i 是各个权力群组的抱负，P_i 是它们的影响潜力。

这种影响与另外两个因素（管理压力以及过去的惯例 / 传统）相互作用，形成 ESO 抱负的最终选择，我们将其表述如下：

$$A = (PA_P + hA_h) \cdot (1 - e^{-\alpha(E-C)} + rA_r)$$

其中，

$$(P+h)\cdot(1-e^{-\alpha(E-C)})+r=1$$

式中，P 是利益相关者施加的政治压力的度量。在政治分化、意识形态多样的 ESO 中 P 值会很高。在这类 ESO 中，抱负通常是多维度的，反映了偏好的多样性。在独裁式权力结构中，P 值会很低。

h 是衡量过去历史影响的指标。在结构严谨、历史悠久的大型 ESO 中，h 值会很高。在流动的、年轻的和较小规模的 ESO 中，h 值会很低。在管理薄弱的 ESO 中，相对于 r 值，h 值会偏高。

r 是衡量管理者的管理抱负的压力指标。当政治结构是独裁式的，经理们又有强烈的绩效动机，r 值就会很高。在集体主义精神浓厚的分权制权力结构 ESO 中，r 值也会很高。在经理们缺少必要职权的分散式权力结构 ESO 中，r 值会很低。在管理层碌碌无为和逃避承担风险的 ESO 中，r 值会很低。

为了强调基本生存假设对抱负的影响，我们引入了上面这个添加指数项的复杂的数学公式。我们还记得，当生存受到威胁时，所有的 ESO 都会紧密团结起来，解决使它们生存下去的问题。这会使 ESO 抑制机能失调的政治抱负，无视过去的传统，并把行为集中在环境提供给它们的可能性上。

这些政治和惯性的暂时抑制可以用 $(1-e^{-\alpha(E-C)})$ 这一公式来描述。其中，E 是 ESO 的预期，C 是生存受到威胁时的绩效水平。当 E=C，上述子公式等于零。随着 E 相对增大，上述括号中的表达式趋向于 1，从而充分考虑到非理性的全面影响。

指数中的 $0\leqslant\alpha\leqslant1$ 是为说明对危机的组织敏感性而引入的。如果 α 小，ESO 就会高度敏感，并夸大危机的前景。如果 α 大，ESO 会对危机的前景缺乏预判，会在预期接近危机水平时才做出反应。如上

一章讨论的，沟通系统的质量对 α 有很大影响。

我们可以用文字表达上述符号推理：

假设 10-2：组织抱负的决定因素

ESO 的总体抱负是政治影响和战略领导相互作用权力过程的结果。促成抱负的因素是：

（1）管理抱负。

（2）有影响的利益相关者的抱负。

（3）过去的抱负行为。

当绩效预期接近生存危机水平时，理性抱负成为主导。

战略推力的选择

我们提到（第五章），战略行为的不同模式可以用战略推力的水平来描述。推力的选择与抱负一样，受到以下因素的影响：非管理层利益相关者的偏好、管理层施加的理性影响及 ESO 的历史动态。推力选择的参与者阵容有所变化。外部的利益相关者对结果有着强烈的兴趣，但很少关心 ESO 的内部过程。因此，权力的相互作用主要发生在内部非管理层的利益相关者和管理者之间。

我们在前面证明过（第五章），经济结果和战略行为是相互联系的。只有在给定的战略模式范围内才能达到一定的绩效水平。一旦行为超出这个范围，绩效就会下降。管理层在发挥战略领导角色作用时，会努力使绩效抱负与战略行为相匹配，从而使绩效目标的实现成为可信的和可能的。

定义

由战略领导层选择的最适合满足管理绩效抱负的推力，称为首选管理推力。

定义

ESO 内部作为政治影响过程的结果而选择的推力，称为首选政治推力。

管理推力的选择如图 10-6 右侧部分所示。它受到下列因素的影响：

（1）管理层追求的理性绩效抱负水平 A_r。

（2）管理层对环境动荡水平的感知。如前所述，这种感知可能会出现误判。在目光短浅的，甚至是与环境相协调的 ESO 中，管理层很可能对未来的环境产生错误的认知。

（3）管理层对实现抱负的最佳推力的认识。在前面关于文化的讨论中，我们注意到，由工作决定的文化倾向于将他们偏好的推力看作组织成功的关键，而忽略环境的需求。这就导致了总体管理层和不同专业部门经理之间的偏好差异。各方为了确保其负责领域的成功，很可能做出不同的选择。总体管理层会选择与动荡性相适应的推力，而部门管理者则会选择能使他们各自职能的业绩最优化的推力。具体来说，这意味着各部门会偏好与其工作文化相匹配的战略推力。

（4）由于给定的抱负水平通常可以通过一系列的战略行为来实现，因此，管理层对 ESO 的不同推力和能力之间的匹配程度的评估（在有关商业计划研究的文献中，这被称为“优势最大化和劣势最小化”），也将会进一步影响首选推力的最终选择。如果 ESO 过去一直很成功，环境动荡也保持稳定，那么这种评估很可能相当准确。但是，如果近

期缺乏成功经验或动荡环境不断变化，那么通常很难确定战略推力与ESO能力之间的最佳匹配（确定这种匹配的技术，即战略规划，大约20年前就存在了。但迄今为止，它的应用还仅限于少数工商企业和个别非营利组织）。

（5）管理层为抱负和战略行为的匹配所付出的精力和决心也很关键。在图10-6中，我们将其称为创业性风险倾向和创业性驱动力的组合，以区别于图10-4中相似的但具备不同特征的绩效驱动力和绩效风险倾向。从我们对战略领导的讨论中可以看出，以绩效为导向但缺乏创业性倾向的经理并非罕见。这类经理会把他们的精力集中在试图从ESO身上"榨取"绩效，同时接受一种忽视必要绩效潜力的战略行为上。

（6）与确定绩效抱负一样，管理层能否发挥其影响能力取决于其管理职权的范围。从前面的讨论中可以看出，改变战略行为比改变抱负水平需要更大的管理权力。此外，我们还可以看到，引进预算变革要比引进推力变革更容易。因此，职权有限的经理们会更加关注抱负和预算编制，而将战略推力放在一边。

（7）最后，我们在讨论游戏规则时曾提到，外部的制约因素对推力选择的影响越来越大。非营利组织的战略自由度历来受到严格限制，而工商企业越来越受到来自政府和社会压力的约束。

我们把注意力转向图10-6的左侧部分，政治推力的选择和政治绩效抱负的形成相似，在此不再赘述。需要强调的是，与试图将推力和绩效抱负相关联的管理推力不同，政治推力的选择通常独立于政治绩效抱负。正好相反，"多赚钱（高抱负），少干活（低推力）"依然是人类非常普遍的理念。

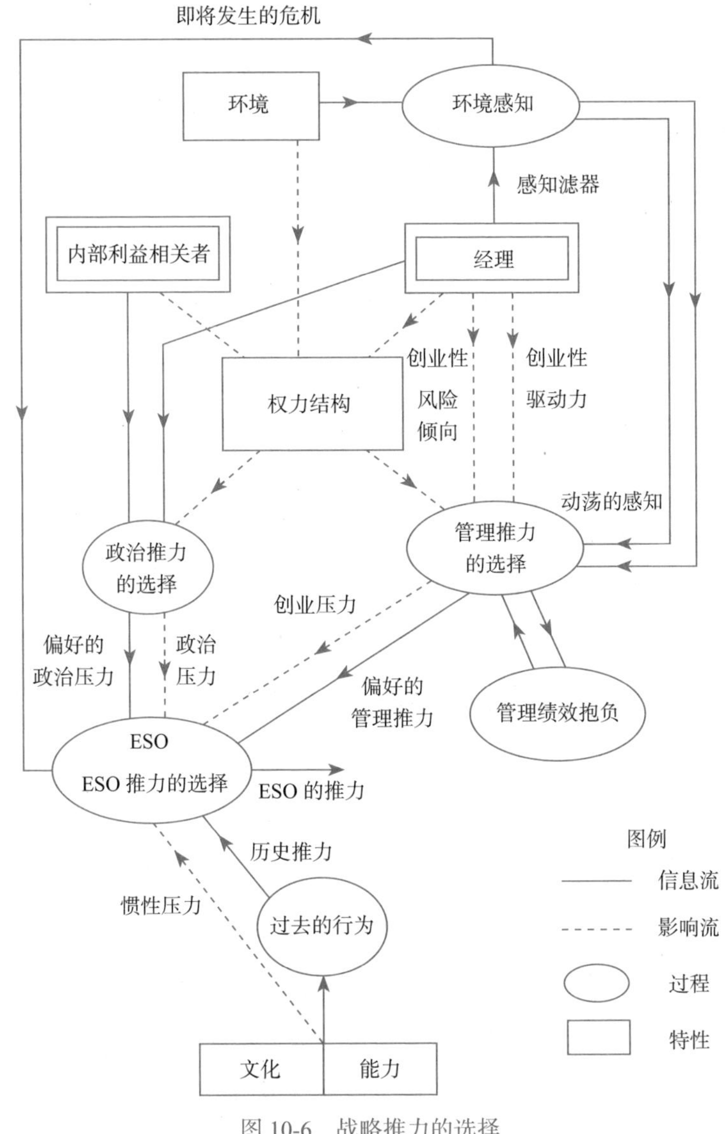

图 10-6　战略推力的选择

假设 10-3：政治推力和绩效抱负的不一致

在分散式权力结构的组织中，政治绩效抱负与偏好的政治推力抱负通常是矛盾的。

影响推力选择的其中一个因素是过去的文化、能力和传统。同样，与绩效抱负相似，这些特征发挥着强化过去行为的消极惯性力量。这种力量的强度与 ESO 过去在实现其抱负上的成功程度成正比。与绩效抱负模型类似，我们也建立了一个模型，来模拟三个主要影响因素的相互作用，如下：

$$T=(\pi T_{\pi}+\eta T_{\eta})(1+e^{-\beta(E-C)})+\rho T_{r}$$

式中，T 是 ESO 选择的推力；π 是政治压力；η 是惯性压力；T_{π} 和 T_{η} 分别是首选的政治推力和历史推力；ρ 是创业性压力；T_{r} 是首选的管理推力。

正像绩效抱负的情况那样，引入括号中包含指数的表达式是为了更好地认识到：当生存前景恶化时，惯性和政治影响往往会让位于理性选择。在指数中，我们用系数 $\beta < \alpha$ 来表示，ESO 是绩效敏感型而不是行为敏感型。换句话说，它们会更早地转向抱负的理性选择，而不是坚持既有的政治 / 传统影响下的行为模式。在第十一、十二章我们还会进一步讨论这个问题。

虽然推力的两个公式在形式上非常相似，但所选择的推力 T 不一定足以实现所选择的抱负 A，特别是在环境动荡的变化期间。因此，为了调和抱负 A 和推力 T 之间的差距，ESO 所采取的支持行为可能会产生冲突。如果 $\rho \approx 1$，ESO 拥有战略规划系统，在计划周期内，管理层有调和 A 和 T 的系统和职权。在更为典型的情况下（缺乏战略规划且政治和传统影响力强），通过经验和试错法进行调和的情况就会出现，可以用图 10-7 来表示。在下一章，我们会详细地探讨这个调和过程。

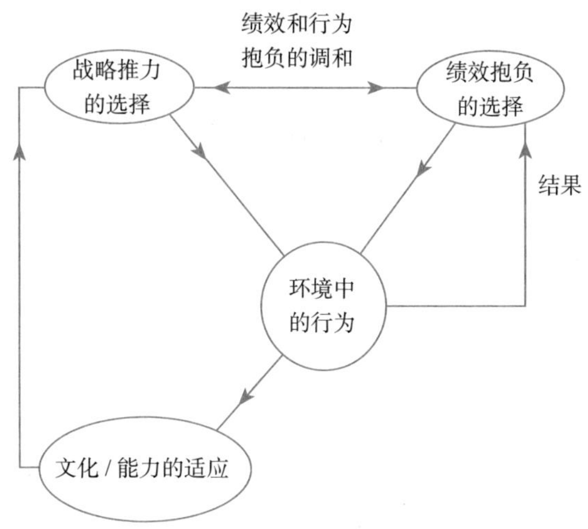

图 10-7　绩效和行为抱负的调和过程

假设 10-4：抱负和推力的不匹配

在管理职权薄弱的 ESO 中，绩效抱负和推力很可能不匹配，即推力不是实现绩效抱负的最佳途径。

STRATEGIC
MANAGEMENT

第十一章

转型的行为

“恐怕没有什么比引入一种新的规则秩序更难以掌控和更加危险的了，因为创新往往会引起旧体系中的既得利益者的反对，而原本那些能够在新体系下有所成就的人，有可能也会选择冷眼旁观。

——马基雅维利

环境变化的滞后反应

在本章中，我们将关注 ESO 改变战略行为的过程。在大多数情况下，这种改变是由外部环境事件触发的，但战略行为的改变也经常由内部权力转移引起。我们将先从由环境触发的改变开始讨论。

在所有 ESO 中，即使是战略上稳定的 ESO，改变是一个持续的过程。在第五章我们构建的动荡模型的各种轨道上，ESO 每天都在应对环境引起的扰动和内部配置的不协调。事实上，若无改变，经理 / 行政管理者的存在就没有任何逻辑解释。

在本书中，我们主要研究一种被称为“战略”的特殊改变，它影响着 ESO 的内部配置或外部推力。在本章中，我们将进一步关注那些与环境中经历的过去经验有着重大背离的改变。我们在第五章分析过这类变革的情景模式。该情景模式可能是由单一不连续突破性事件的演变构成的，如晶体管的例子。也可能由一系列连贯的、累积的事件构成，通常称为趋势。例如，当前立法的演变正逐步重新定义企业内部管理的自由和权力。

如第九章所述，在抵制改变的文化中，ESO 对环境改变的反应往往是短视的，而在寻求改变的文化中，ESO 的反应则更具有前瞻性。我们先来讨论短视型组织。在这类组织中，不存在预先识别环境改变的机制，而是通过绩效成果来识别变化。因此，当业绩下滑到抱负水平以下时，管理层得知这一情况会存在延迟，我们将其称为识别延迟。这是一种系统性延迟，部分是因为记录、解释、核对和传递信息所消耗的时间，部分是因为负责的经理们相互沟通和商定对策所花费的时间。

一旦管理层意识到绩效已经降至抱负水平以下，可能出现进一步的延迟。其中之一是验证延迟。由于绩效通常不是一条平滑的曲线，而是一条波动的曲线，管理层可能会认为这种不理想的绩效背离是由于统计波动，而非根本性的问题，并且它会随时间的推移而“自行解决”。

如果强势的经理感到承认绩效欠佳会危及他们的地位，或者对他们的声誉造成负面影响，他们将发动政治延迟。即使他们确信威胁是真实存在的，这类经理们的策略常会是拖延行动、寻找替罪羊、制定防线或迂回撤退。

最后，如果负面结果是由一个新颖且陌生的事件引起的，文化延迟将会发生。如果企业文化与环境释放的信号不一致，管理层会将该事件视为是不相关的，并再次展现出一种自信——麻烦会“自行解决”。

在特定情况下，我们将这四种延迟统称为拖延性延迟。它们可能同时发生，也可能是日积月累的结果。对这些延迟现象，人们口头上的解释是任务需要引进验证和识别，但实际上，文化和政治考虑可能才是真正的“隐秘动机”。

因此，一旦绩效低于抱负的消息传出，随之而来的是一段时间的谈判、讨论和重新评估。在此期间，ESO 将会继续在战略上保持稳定性或反应性行为，但绩效可能会继续下滑。最终，ESO 会达成共识，认为有必要采取与历史行为不同的行动。

在图 11-1 中，我们把共识点表示为 A_2，下面的曲线显示在拖延期

A_1—A_2期间发生的累计经营亏损。该图的上半部分表示为应对变化而产生的边际成本曲线。如该图所示，拖延期间不会产生额外成本。

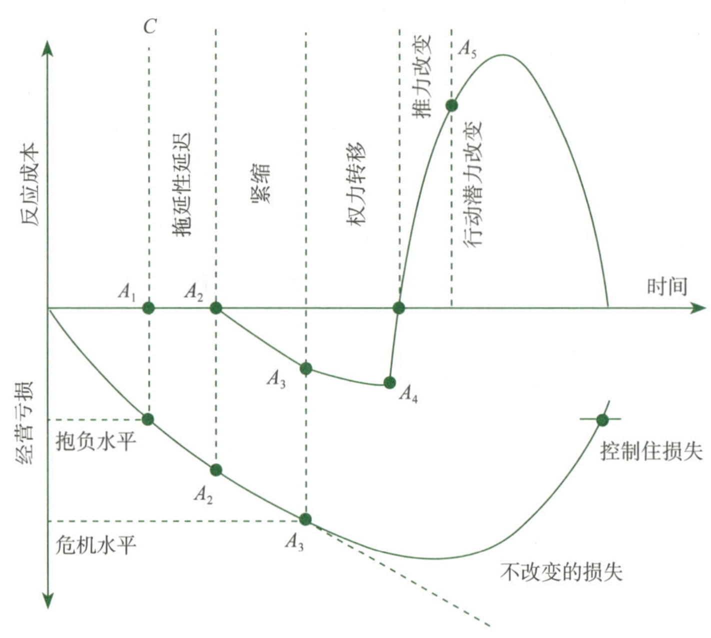

图 11-1　对威胁的延迟反应

在稳定型 ESO 中，一个典型的反应是转向内部紧缩战略：降低成本、停止扩招、暂停管理发展项目、削减研发开支。首先被削减的是那些没有短期回报或对 ESO 的生产经营没有直接贡献的项目。矛盾的是，通常首先削减的是具有创业性潜力的投资（研发预算）——应对变化所需要的关键投资。

反应性的 ESO 可能会在执行内部紧缩战略的同时，试图恢复外部对其产出的低迷需求。其采取的措施是防御性的，目的是让 ESO 的产品更实惠，同时对客户也更有吸引力：新的广告活动、降价、价格回扣、新融资条件。ESO 内部市场及其反应的本质都以调整预算为重点，而对项目的性质没有进行任何实质性的改变。

如果绩效下滑是因为ESO内部经营效率或营销进取性下降，导致“竞争力疲软”，那么内部和外部的紧缩战略将会成功。但如果原因是环境结构的变化，需要改变产品、技术或市场，那么紧缩战略将无法阻止绩效下滑。如图11-1下面的A_2—A_3段所示。上面相对应的A_2—A_3段表示反应成本不会增加，通常会略有下降。

随着紧缩战略的推进，管理层逐渐地认识到“竞争力疲软”并非问题的根源，紧缩战略也无法阻止绩效的持续下滑。这一结论的形成过程，类似于拖延性延迟的初期阶段。尽管没有明确的迹象表明紧缩战略失败，但是倒退在不断累积，间或夹杂一些零星的成功。管理层意识到紧缩措施失败的时间会有所延迟，这不仅仅是因为之前犹豫不决时的那些因素，还因为现在ESO需要做出重大转变的力度。对于一个稳定型ESO来说，任何背离预算的行为都显得十分重大，即使微小的产品改变也代表着历史战略推力的升级。这类升级违背了当下盛行的文化规范，充满了被感知的风险和未知因素，任何实质性的变化都被视为与过去的重大断裂。关于这种认识，一个广泛传播的例子是，在20世纪20年代后期的福特汽车公司，在用T型车领先了25年之后，它也不得不面对T型车时代已经结束的事实。

由于叠加的各种不情愿，ESO经常坚持着紧缩战略，不愿采取行动，直到情况恶化演变为危机。对危机的感知（在A_3点）会触发新的、更激烈的反应。危机的氛围引起心理上的焦虑，以及社会和政治动荡。如前所述，对生存和安全的共同焦虑会促使ESO团结一致。在共同寻求生存期间，习惯和传统的力量会被放在一边，个人和政治偏好也会受到压制。

但是，在用尽了各种熟悉的、经过验证的反应策略后，组织此时也无计可施了。那些使ESO遭遇一连串失败的领导信誉扫地。因此，人们开始寻找能够带领ESO摆脱困境的“救世主”。这就把组织的精

力从寻找战略解决方案转移到了权力的重新调整和变更。如果在内部找不到有潜力的团队或个人，ESO 将会从外部寻找新的人才。通常情况下，那些平时对 ESO 仅有名义上的影响力的外部利益相关者会扮演起控制者的角色。例如，在工商企业中，董事会将发挥作用，解雇声名狼藉的管理层，让新的人才取而代之。

一旦新领导者被任用，人们的注意力又回到了不断增加的亏损上（在 A_4 点）。新的领导者采取的措施很可能是矛盾的。一方面，紧缩战略会继续——进一步寻求降低经营成本的方法。另一方面，他们会下定决心根据环境重新调整战略推力——这项活动需要的预算远远高于采取紧缩战略的预算水平。因此，ESO 将会寻求“成本最低的解决方案”。这就导致 ESO 趋向于只关注市场的需求，而忽视了必要的、代价高昂的、相伴而生的内部战略行动潜能变革。新的管理层往往会认为，他们正在做的是“从肌肉中剔除脂肪”，战略推力正在获得新能量。而现实往往是“肌肉被削减到了只剩骨头”。

如图 11-1 上半部分的曲线所示，当超过 A_4 点之后，战略活动总费用显著增加。此时，ESO 可能会进行产品技术的全面更新和营销战略的不连续性变革，退出无利可图的市场，剥离组织中过时的部门，以及在新领域开展多元化经营。

然而，这些措施通常不仅不能减少亏损，反而会加剧亏损。当杜邦公司（Du Pont company）采取多元化经营战略，涉足油漆业务后，这种情况就发生了。一位失望的高管在写给他同仁的信中提到：“这真是一件怪事，我们卖出去的油漆越多，亏损就越多。”

我们在前面已经得出过结论，新的战略推力的成功受限于支持性战略行动的潜能。如果后者与推力脱节，即使是最佳的推力也无法产生效果。但是，在 ESO 针对危机开始转变推力时，这一点通常并不明显。ESO 继续设法“卖出更多的油漆”，并把困难归咎于新战略的不完美。最终，“战略－结构的差距”被发现，ESO 将其注意力转向如何使其能力和战略文化与推力保持一致。在图 11-1 中，我们用 A_5 表示这个转变。随着内部配置与外部推力形成一致，情况开始改善，绩效回到抱负水平。当这种情况发生时，战略活动就会减少，ESO 的行为就会稳定在新的推力水平上。

这种向早期的抱负水平的回归，是战略转变结果的一种有利水平。在 20 世纪，大多数工商企业都两次成功地经历了这里描述的第一种情景：第一次是 20 世纪初期，企业行为从创业性转向稳定性 / 反应性；第二次是 20 世纪 30 年代，有些企业转向预测性行为，有些企业转向探索性行为。

但上述有利情形并不都是普遍的。第二种情景是，战略推力变革产生的绩效改善足以消除危机感。如果高层对 ESO 管理的力量不强大，在战略文化达到新水平前，传统的政治和文化力量会卷土重来。这些力量会使战略推力倒退回先前的水平，从而使 ESO 再次陷入一场危机。

在第三种情景下，ESO 无法解决它的问题。这可能是由于以下因素的不当配置造成的：

（1）ESO 启动推力转变的时间太晚，不能避开威胁（比如说，夺回失去的市场）。

（2）为缩小战略推力和能力 / 文化之间的差距的行为开始太晚。

（3）ESO 缺乏缩小差距所必需的人力和财务资源。

（4）动荡性变革使行业转变成了战略陷阱。

如果出现上述一种或几种情况，并且环境动荡影响了 ESO 的大部分收入，那么 ESO 将会破产。如果只影响部分收入，ESO 将会生存下来，但将被迫大幅降低其抱负水平。

如图 11-1 所示，稳定性 ESO 的事件顺序经过修改后也适用于反应性 ESO。如同稳定性 ESO 那样，反应性组织是在感受到变化的冲击后才做出反应的。但是，一旦人们开始谈论抱负水平，反应性 ESO 的拖延性延迟时间很可能会短一些。另外，反应性 ESO 不像稳定性 ESO 那样厌恶变革，而是做好了“随机应变”的准备。它们的初步应对行为，不仅包括预算紧缩措施，也包括积极的改善环境的战略措施。因此，通用汽车公司在感受到小轿车的冲击后，增加了战略预算，引入了产品改进，加强了广告宣传。但正如稳定性 ESO 一样，它们能采取的应对措施受到历史战略文化和对环境的历史认知的束缚。ESO 试图在先前的经验和对环境理解的范围内纠正当前的局面。一般来说，当常用的反应性措施无法改变局势时，反应性 ESO 将会在危机爆发前的很长一段时间就开始寻找备选方案。权力转移不常发生，而战略转变则更多地在积极承诺氛围中触发，而非在危机时。

因此，反应性 ESO 会比稳定性 ESO 更早做出反应，更快地实行紧缩战略。如果紧缩战略仍然不够，反应性 ESO 将会比稳定性 ESO 更早启动战略转变。凭借更及时、更灵敏的反应，反应性 ESO 不太可能会等到危机发生时才做出反应，它们能够有计划地进行深思熟虑的转变，正如通用汽车公司发动的数十亿美元的产品改造运动。

上述的滞后反应行为已在社会学文献中得到了广泛讨论。西尔特和马奇提出的模型就是一个著名的例子。了解西尔特和马奇的读者会发现，他们的处理方法与我们有着本质区别。他们研究的是图 11-1 中 A_2 点之前发生的行为，因此，他们的注意力仅限于我们所说的预算行为。我们的工作是将描述扩展到战略行为。我们的模型与斯切德尔（Schendell）、赫德博格（Hedberg）和斯塔巴克（Starbuck）的最新研究成果有许多共同特点。

我们用下面的假设来概括抵制变革的 ESO 的行为表现：

假设 11-1：抵制变革的 ESO 的初始反应

（1）抵制变革的 ESO 往往只有等到动荡的影响导致绩效低于抱负水平后，才会做出反应。

（2）第一层级的反应通常是拖延性延迟，紧接着，ESO 会采取与以前的经验和 ESO 文化相一致的措施。在稳定性 ESO 中，这些是预算措施的改变，而在反应性 ESO 中，则是渐进的战略措施的改变。

假设 11-2：权力转移

当初始反应导致危机时，第二层级的反应是权力转移。

假设 11-3：战略转变的顺序

第三层级的反应是战略转变，它遵循典型的钱德勒模型的“战略－结构”顺序。

引领对变革的反应

追求变化的文化（预测性—探索性—创造性）对变革的反应更接近微观经济学模式，而非社会学模式。它主要存在于进取性企业中，这些企业追求目标，对环境持开放态度。

追求变化的文化的一个共同特征是，它们通常是在事件发生之前而不是之后做出反应。我们已经多次讨论过，预测性文化的视角仅限于对过去的推断，然而探索性和创造性文化则在探寻陌生的世界。但是，这三种文化都会开展预测（正式的或非正式的），从而为将要发生的变化提前发出预警。这种预测如图 11-2 上图所示，图中 ESO 发现在未来的某个时间点 t，将会有一个后果重大的变化开始影响 ESO。

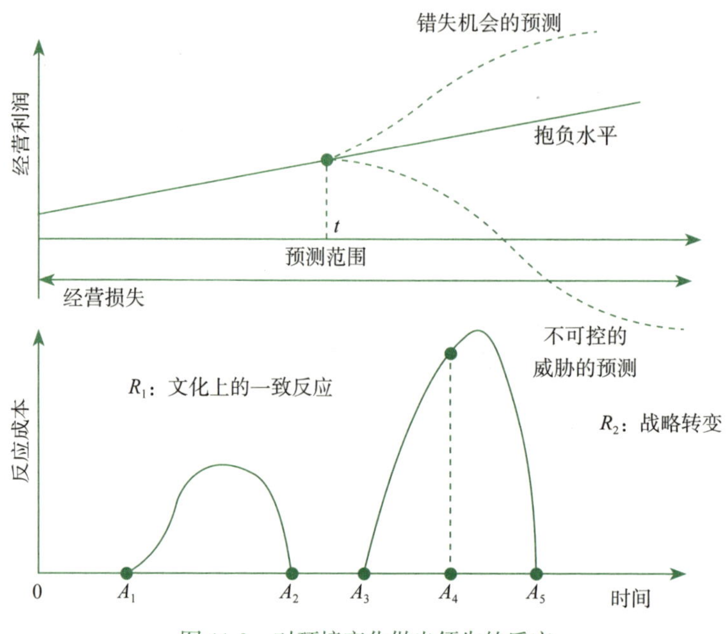

图 11-2 对环境变化做出领先的反应

为了从变革中获益（或预防负面影响），追求变革的 ESO 会在事件之前做出反应。但过早承诺有其不利之处，因为它是基于不完整信息而触发的，而这些信息随着时间推移会得到改善。变革在未来的发展会使人们对变革的重要性有全新的认识，也为选择反应措施提供了更完善的信息。因此，追求变革的 ESO 的经理们遵循艾森豪威尔（Eisenhower）将军提出的著名的“延迟原则”：在进一步延迟会降低反应的及时性和有效性之前，不要轻易触发反应。

初始措施的选择是与各自的文化相匹配的。预测性 ESO（例如通用电气公司）有进取性战略变革的历史，并不会把自身局限于紧缩战略或预算变革。相反，它将选择与变革的性质和影响相匹配的应对措施。此外，这类ESO通常具有很强的分析能力，不会像那些抵制变革的ESO那样，依赖于不断试错和一事一议的方法。他们会对许多备选方案进行研究，并选择最有前途的方案加以实施。

但预测性ESO考虑的常用措施会局限于对历史的和熟悉的环境模型的逻辑外推。在这方面预测行为和反应行为是相似的。

如果反应的结果表明所采取的措施不能产生令人满意的结果，预测性ESO就会面临战略转变的需求。此时，基于历史的理性就会成为下一步行动的障碍，而不是帮助。在第一章卷首，我们引用的怀特海的一段话可用在这里：

“一个人掌握了一种在其专注领域有用的方法，当他尝试将此方法应用于更复杂的情形并据此做出广泛判断时，这是一个不当的做法。”

因此，在战略转变的临界点上，预测性ESO可能表现出比反应性ESO更强烈的拖延趋向。后者很少坚持使用结构性的“方法”来看待环境。

我们用图11-2的下半部分表示反应的成本结果。周期0—A_1是审慎的“艾森豪威尔延迟”。A_1—A_2的第一条成本曲线表示在内部文化间做出的反应。在这里，我们假定这种情况会导致不理想的结果。A_2—A_3是拖延性延迟（在追求变革的文化中，这种拖延是在内部反应后；而在抵制变革的文化中，这种拖延在内部文化做出反应之前）。A_3—A_4是战略推力转变的变革成本，A_4—A_5是注意力转向战略行动潜力的时期。

在历史上，预测性ESO通常倾向于遵照著名的钱德勒模型的“战略—结构”顺序。如今，在许多预测性的企业（例如，通用电气、西尔斯），我们可以观察到一个有趣的发展趋势：顺序开始发生逆转。这些ESO开始关注战略行动潜力本身，而不是将其作为因对新战略推力失望而不得已采取的结果。

探索性和创造性 ESO 的反应与预测性 ESO 有所不同，其原因在于前者的文化更加宽广，接受和储备了更多应对与过去经验脱节的工具。因此，当环境高度动荡时，探索性和创造性 ESO 不太可能选择图 11-2 中的初始无效反应 R_1。相反，它们会从 R_2 开始，不仅可以节省时间，也可以节省金钱。另一方面，如果动荡正在逐步降级（例如，一个行业在经历了动荡的创业期后进入稳定增长阶段），探索性和创造性 ESO 很可能会做出过度反应——在有迹象表明要向有效经营和战略稳定转变时，它们却过分强调战略变革。它们的第一反应 R_1 通常会是创新性的，因此在新环境中效果不佳，接下来的反应 R_2 则是向较低水平的推力稳定转变。

由于美国的文化规范提倡积极的创业价值观，我们需要再次提醒，领先行为不一定优于滞后行为。两者的成功取决于 ESO 所处的经营环境。在稳定性或反应性环境中，ESO 不易受到剧烈环境转变的影响，抵制变革的行为就有经济效益的优势，滞后行为反而会产生更好的效果。

反应性 ESO 的管理也并非一定是墨守成规的。如第九章所述，管理层的领导力是绩效驱动力和创业驱动力的结合。在一家成功的稳定性 / 反应性企业中，人们通常能够感受到强烈的绩效驱动力，而创业驱动力则相对较弱。这种行为成就了许多杰出的成功人士（例如 1900—1929 年间的亨利·福特一世）。但历史也不乏这样的失败案例：当环境的动荡上升至更高水平时，这些成功企业却未能及时地进行战略转变（例如，1930 年亨利·福特一世没有认识到汽车行业的本质转变）。

假设 11-4：追求变革的 ESO 的反应

追求变革的 ESO 会在动荡发生之前做出反应。第一反应与 ESO 文化相一致，第二反应则会触发战略转变。

战略意外

在过去30年间，管理技术的发展极大地提高了ESO的预测和规划能力。因此，工商企业（也是新技术诞生之地）的时间视角不断地向未来延伸。大多数大中型企业从年度预算转变为三年、五年或十年的长期规划。人们普遍认为，企业可以根据自身需求制定尽可能长远的规划。

石油危机给这种乐观的假定以沉重打击。许多在战略上周详规划未来的企业同样感到意外。危机过后进行的研究表明，出现这种意外的部分原因是企业未能运用适当的预测技术，但更主要的原因在于管理者被狭隘的文化感知视角束缚。然而，正如我们前几章讨论的，这些研究也表明，石油危机是动荡普遍升级的一个征兆。这种动荡升级的一个主要特征是重大事件迅速发生并不断发展。对于抵制变革的ESO来说，它们通常在事后才做出反应，这意味着留给它们的反应时间在逐渐缩短。而对于追求变革的ESO来说，它们力求在事前就做出反应，这意味着预测未来事件的时间范围正在变得收缩，即使现有的预测技术不断进步，也很难突破这一局限，导致可用于对事件作出预先反应的时间也逐渐缩短。

因此，ESO必须要越来越多地应对快速发展和陌生的事件，我们称其为战略意外。

定义

战略意外有以下特点：

（1）突如其来，这意味着这类事件在其影响ESO之前，被ESO的环境扫描活动排除在外。

（2）不仅突然而且新颖（这也是过滤器将其排除在外的原因之一）。

（3）必然会对ESO的绩效造成重大影响。

（4）发展迅速，几乎没有时间进行试错和实验。

根据图 11-1，当这四个因素都存在时，未受约束的损失曲线会迅速下降，以至于一旦超过抱负水平 A_1，便会迅速触及危机点 A_3。对于抵制变革的文化而言，这预示着一定的生存危机。

根据图 11-2，战略意外意味着预测期限 t 远远短于时间段 A_1—A_2。因此，对于那些追求变革的 ESO 来说，战略意外至少会迫使它们做出紧急反应，最坏的情况则会导致生存危机。

正如我们在第五章展示的，如果 ESO 选择由过去对强烈信号的依赖，转向更多地依赖变革伊始的早期微弱信号，就可以避免许多潜在的战略意外。要利用微弱信号，就必须开发新的环境监测和规划技术。此外，还必须扩大 ESO 对微弱信号的反应范围，随着环境变化迹象的增强，对这些信号的反应也需要相应强化。

这项新技术还处于早期开发阶段，本书末尾参考文献中引用的作者关于微弱信号的论文介绍了其中一项发展。工商企业刚刚才意识到对这类技术的需求。美国管理协会（American Management Association）最近对美国公司总裁进行的大规模抽样调查显示，受访者对未来日益增长的动荡程度和不可预测性表示担忧。他们预测，管理者的未来管理策略将会更加保守。他们还预见到，创新将会减少，战略风险会分散。一位受访者说："未来管理层会越来越多地根据资产负债表，而不是利润表来进行管理。"

这些主要的管理者的观点进一步验证了我们先前的假设，即追求变革和对环境反应灵敏的 ESO 将会日益颠覆传统的钱德勒顺序。ESO 的"结构"会变得更加灵活，反应更加迅速。与此同时，越来越多的"战略"将被推迟，直到那些在 ESO 看来快速变化的威胁和机会变得足够明显之后，才做出有计划的反应。

假设 11-5：战略意外

当剩余的反应时间比通过现有系统和流程做出反应所需要的时间更短时，ESO 将会被迫做出危机反应。

社会惯性

在前面的讨论中，我们认识到 ESO 的所有参与者通常并不会拥有相同的期望。总体管理者和中层管理者（例如市场营销和研发部门）的职责中包括直接关注环境，他们很可能要比以内部事务为导向的管理者和以内部技术结构为重点的管理者更加清楚环境中即将发生的变革。各自观点中的差异反映的是内部沟通系统的质量。

如果沟通不畅，总体管理者就会比 ESO 其他部门的同事更早地认识到形势的严重性和紧迫性。像常见的情况那样，如果在 ESO 的其他部门确信危机迫在眉睫之前，总体管理层就触发战略转变，通常会遇到强烈的组织抵抗。造成这种阻力的原因在以前的讨论中已经多次提到过：既有系统的惯性、掌权集团或个体的文化行为偏好，也有对失去声誉和权力的恐惧。

最受威胁、有可能失去权力的文化将是最抵抗变革的。但是，在文化上可以接受变革的单位仍可能出于政治原因抵抗变革。例如，在一家企业中，如果变革意味着生产部门在财务部门和控制部门面前的权力会越来越小，生产部门可能会强烈抵制从稳定性行为到反应性行为的变革。但是，如果允许生产部门保留其权力，通过引进长期计划，对预测性行为做出剧烈改变，那么这种变革可能更容易被接受。

在表 11-1，我们构建了几种文化与政治威胁的组合。如该表所示，

当环境变革同时意味着文化变革和权力的重新分配时，变革通常会遭到最大程度的抵制。另一种极端的情况是，当这些变革在文化上是被接受的，并且有助于强化那些有权势群体的权力时，变革就会受到这些群体的支持。

表 11-1　社会惯性与权力和文化的关系

政治影响 / 文化影响	政治上具有威胁性	政治上中性	政治上受欢迎
文化变革	抑制最大	取决于文化变革的程度	取决于文化变革的程度
文化上的接受性	取决于威胁的大小	抵制最小	积极强化

在表 11-1 中，我们将这种抵制称为社会惯性，因为它与物理中的惯性相似。这种相似性与 ESO 的技术、系统、结构和流程构成的抵制成分最为接近。我们将其称为社会惯性的系统成分。正如在有形物体中一样，它取决于 ESO 的物理的、系统的和结构的要素。系统成分是组织能力的一种特性，不直接受变革动态的影响。

但是，正如我们在上文已经讨论过的，社会惯性还表现为文化和政治上的抵制，而这些因素，如第十章所描述的，会随着 ESO 对生存焦虑的变化而变化。当危机迫在眉睫，政治和文化的野心就会受到压制。当危机状况解除，政治 – 文化抵制又会重新崛起。

如同物理惯性，社会惯性取决于战略转变的速度。在给定的时间间隔内，对 ESO 施加的战略推力变化越大，惯性就越大。当战略转变速度缓慢，并局限于 ESO 的个别部分时，社会惯性在其他部分的潜在影响会悄无声息地散去。人们普遍存在一种“这样的事情不会发生在我们身上”的感觉。但当急剧的变革波及整个 ESO 时，各部门就会忘记彼此间的社会和政治分歧，以前相互对立的群体也会联合起来，共同对抗它们不愿接受的变革。

定义

社会惯性是ESO试图改变其战略推力时产生的对变革的抵制。惯性由系统的、文化的和政治的因素构成。

艾萨克·牛顿（Isaac Newton）在其著名的运动定律中对物理惯性进行了简明扼要的数学描述。在第一定律中，他假设在不受外力作用时，物体倾向于保持静止或匀速直线运动；在第二定律中，他假设物体加速度的大小跟作用力成正比；在第三定律中，他指出相互作用的两个物体之间的作用力和反作用力总是大小相等，方向相反，作用在一条直线上。

经过修订，我们可以将牛顿的运动定律应用于社会惯性的现象。如前所述，ESO有一种倾向，即坚持与主导文化相匹配的战略推力。根据第五章的轨道模型，这意味着一旦ESO将其推力调整至某一动荡水平，它就会倾向于保持这一推力。

为了使牛顿第二定律适用，我们引入了可变惯性的概念（事实上，爱因斯坦在重新阐述牛顿定律时，也为有形物体引入了相同的概念）。这可以用下面的方程表示。对于ESO内部的每个组织单位，我们得出：

$$i = I \cdot [1 - \alpha e^{-\beta(E-C)}] \cdot \frac{B_A - B}{\Delta t}$$

式中，i 是惯性力量；B 是单位首选的战略推力，由其文化决定；B_A 是被迫采取的战略推力；Δt 是试图转变的时间段；β 如前，是危机敏感性系数；$(E-C)$ 如前，是对危机迫切性的衡量。

方程的检验表明，在危机时刻，当（$E-C$）即社会政治惯性最小时，该公式变为：

$$i = I \cdot (1 - \alpha) \cdot \frac{B_A - B}{\Delta t}$$

式中，$I \cdot (1-\alpha)$ 是系统惯性的测量；I 是在危机尚未迫在眉睫时单位的最大惯性；$1/1-\alpha$ 是最大社会–政治惯性的相对性衡量。

牛顿第三定律应用于此，可以重新陈述为，只有当战略领导者试图改变 ESO 的战略推力时，社会惯性才会显现出来。在第十章，我们已经把这种改变推力的力量称为**创业压力**，并得到下面的公式：

$$r=\alpha \cdot \rho$$

式中，r 是创业压力；α 如前，是管理权力的强度；ρ 是管理层创业驱动力的强度。

创业压力 r 会产生相等的惯性反作用力 i。行动反应的作用力与其反作用力会发生在 ESO 的每个单位，但各自力量的强弱有所不同。

如果 ESO 中有 j 个拥有不同文化的单位参与了变革的推力，我们可以令每个单位：

$$r_i=i_j$$

代入前式：

$$\alpha_j \rho_j = I_j[1-a_j e^{-\beta_j(E-C)}] \cdot \frac{B_A - B_j}{\Delta t_j}$$

我们提到的创业压力是各单位管理者们的行动，他们在单位行为偏好 B_j 的情况下，试图引导 ESO 朝着战略推力 B_A 的方向发展。在管理薄弱的 ESO 中，单位管理者们的创业活动很可能缺乏协调。在极端情况下，在分散式权力结构的 ESO 中，甚至可能无法就最终的战略推力 B_A 达成一致，或者无法就共同的时间目标 Δt 达成一致。在这种情况下，不同单位的力量均势将无法与其他单位的力量均势相协调，每个管理者都会按他自己的步调前进，而推力的改变将是不平衡的，有些单位会落伍。变革时间 Δt_j 将取决于属地权力的均势。

在管理强势的 ESO，总体管理层会设法评估每个单位的力量均势，并制订协调计划，使整体推力（或行动潜力）的改变按照统一的时间表完成。这就需要对惯性较大的单位（即 B_A-B_j 最大的单位）施加额外的创业压力。但是，如前所述，创业压力受到以系数 α_j 表示的管理权强度的限制。因此，在给定的权力结构中，存在一个变革所需的最小转变时间，我们称为 Δt。我们可以通过以下方式，推导出这个最小可行时间的近似表达式。

首先，我们计算全部创业和惯性力量的总数，如下：

$$\sum_{j=1}^{N} a_j \cdot \rho_j = \sum_{j=1}^{N} I_j \cdot [1 - a_j e^{-\beta_j(E-C)}] \cdot \frac{B_A - B_j}{\Delta t}$$

然后求解 Δt：

$$\Delta t = \frac{\sum^{N} I_j [1 - a_{je} e^{-\beta_j(E-C)}] \cdot (B_A - B_j)}{\sum^{N} a_j \rho_j}$$

（如前所述，被称为战略规划的管理系统的关键特征之一是确保及时和协调地改变战略推力）。

对于非数学专业的读者，我们可以将前面的讨论概括如下：

假设 11-6：社会惯性

1. 试图改变既定的战略推力会引起组织的抵制，表现为延迟、低效和试图推翻变革成果。

2. 抵制的阻力与 ESO 结构和系统的复杂性和僵化程度成正比，与其对关键权力中心构成的政治威胁成正比，与新推力的文化接受程度成反比。

假设 11-7：惯性的弹性

在特定的 ESO 中，变革的阻力会随危机的逼近而改变。在实际危机发生的情况下，阻力最小。

假设 11-8：转型的速度

实现推力转型所需的时间与惯性阻力和推力转变的大小直接相关。它与创业压力成反比。

战略偏移

在本章的前几节，我们讨论了在环境快速变化的压力下，ESO 发生的迅速而明显的战略转变。接下来，我们将关注不那么引人注目的、缓慢的战略转变，这种转变通常不那么明显，并且常常难以察觉。这就像逐渐侵蚀的过程，外部推力和战略行动潜力向另一个层面转变。

这类侵蚀发生的一个条件是，在战略推力快速转变的过程中，紧张的危机气氛过早地得到放松。在危机转变期间，个人偏好和抱负会被压制，转而支持共同的生存动力。如果危机感持续时间够长，组织会逐渐培养出与新推力相适应的新的行动潜力。但是，文化适应是一个漫长的过程（规模较大的 ESO 需要 3 ～ 6 年）。危机感经常在文化转型完成前就已经消失。此外，原来积极推进新行为的管理层也经常会厌倦扮演警察的角色，或者他们必须将其注意力转向其他重要事项。

在这一时间点，过去的偏好再次显现。组织内部的力量开始推翻与过去的文化和传统不相符的变革。一个常见的例子是，在工商企业中，起初由高层管理者高调建立的战略规划，几年后却悄然倒退为外推性的长期计划。

定义

战略偏移是战略推力和战略行动潜力向另一个层面的缓慢的、逐步的和无引导的转变。

在内部权力均势发生缓慢转变的期间，可以观察到战略转变。在剧烈的权力转变中，新掌权的管理层很可能通过迅速、有指导地调整战略推力来维护自己的权威。但在权力逐步转移时，战略偏移的可能性更大。某个单位可能逐渐获得权力，这可能是因为它正成为 ESO 成功的关键，也可能是因为它积累的资源超过了它应得的份额，还可能因为它的管理层善于操纵权力。该单位利用这种权力，促使 ESO 选择自己偏好的战略推力。

由于大多数个体的心理偏好是稳定和低风险，因此 ESO 经常会朝着抵制变革的文化和推力的方向偏移。这是大多数非营利 ESO 的情况。在制造业企业中，这种倾向也经常出现，因为制造业的本质文化是稳定性 / 反应性的。但偏移也可能朝积极的方向发展。这种情况发生在 20 世纪 30 年代，当时，营销思维开始取代先前生产思维的主导地位。在力量均势转向研发的企业中，也会出现类似的积极的转变。

另一种越来越重要的偏移来源是管理技术。如前所述，ESO，特别是工商企业，越来越多地采用新的管理技术和方法。这种采用可能是受过良好教育和具有敏锐洞察力的管理层的行为，也可能是模仿“人人都在做”的事情。如果最新采用的技术得到管理层足够长久的支持，能够在抵制的阻力中生存下来并形成制度，它会开始促使企业文化和其他行动潜力要素进行调整。这是我们在第六章的开头引用的温斯顿 · 丘吉尔的名言：“先是我们塑造体制，然后是体制塑造我们。”

假设 11-9：战略偏移

战略偏移可能会在以下条件下发生：

（1）当先前迫使战略推力发生变革的压力过早得到缓解时。

（2）当力量均势转移，虽不足以让一个集团占有明显的主导地位，但足以推动 ESO 向自己的文化偏移时。

（3）当管理结构或系统的变化逐渐地带来文化变革时。

（4）在分散式权力结构的 ESO 中，组织偏移最有可能发生。

第十二章

转型行为的模型

预测未来的唯一方法是拥有塑造未来的力量。

——埃里克·霍弗

生存还是毁灭，这是一个值得考虑的问题。

——莎士比亚

转型的模型

前面几章我们分析了战略行为的五个层次：稳定性、反应性、预测性、探索性和创造性。上一章，我们分析了这些层次内部或跨越这些层次的三种行为模式：

（1）针对预算行为，ESO 仅限于做出循序渐进且非剧烈的预算分配和预算规模变革。

（2）针对战略性适应行为，ESO 可以对预算进行重大的再分配、扩张和缩减，也可以在产品、市场、技术方面，在管理能力或后勤能力上做出渐进式的变革。然而，以上所有变革与 ESO 过往的文化都是一致的。

（3）针对战略性中断行为，ESO 改变战略推力，或改变战略行动潜力，或两者同时改变。这种行为是不连续的，与 ESO 以往的文化规范有所不同。

这三种行为模式在多个学科的文献中都有论述，但通常每次只研究一种。我们在表 12-1 中将它们整合归纳为一个通用的框架，使用不同学科的术语，从几个不同方面描述每种行为模式。

左侧一栏使用的是钱德勒的术语，他把外部战略行为的模式归结为“战略”，把战略行动潜力归结为“结构”。“战略”和“结构”第一行对各种模式的描述使用的是本书的术语。“战略”的第二行使用的术语可在战略规划的文献中找到。第三行的术语来自亨利·明茨伯格，他提出了将战略视为企业决策模式的概念。最后一行，我们使用了微观经济学的术语。关于“结构”的描述，第二行改编自西蒙和马奇的术语；第三行的术语来自社会心理学；第四行来自组织社会学；最后一行来自微观经济学。

上述讨论表明，当战略转变以循序渐进的方式发生时，战略推力和战略行动潜力尚且能够维持平衡。但是，在转变快速发生时，两者将会失去平衡。这会在两个重要方面影响 ESO：战略效益潜力降低；组织转变将变得动荡及低效。

表 12-1　行为角色的多学科描述

钱德勒的分类 \ 行为模式	术语来源	战略中断	战略适应	预算
战略	本书	战略推力水平的改变	与历史推力一致的变革	局限于预算的改变
	战略规划文献	关注战略	关注竞争	关注运营
	亨利·明茨伯格	全新决策类型	熟悉的决策类型	不明显的战略决策
	微观经济学	创业精神	创新	竞争
结构	本书	文化和战略行动潜力的转变	战略行动潜力中的文化内适应	历史战略行动潜力的扩张/收缩
	西蒙，马奇	新颖项目	常规项目的新组合	重新安排的常用组合
	社会心理学	认知的非连续性	认知的适应性	认知的稳定性
	组织社会学	新的现实模型	对先前现实模型的适应	对先前现实模型的适应
	微观经济学	新的生产函数	生产函数的适应	生产函数的适应

因此，决定战略转变效果的一个重要特征就是 ESO 在转变过程中能否协调一致。在前几章，我们探讨了使 ESO 协调一致的各种因素。在图 12-1 中，我们列出所有这些因素。如该图所示，协调一致要比战

略和结构之间的简单匹配更加复杂。其中共涉及五个因素：环境动荡性、战略推力、文化、管理能力和后勤能力。

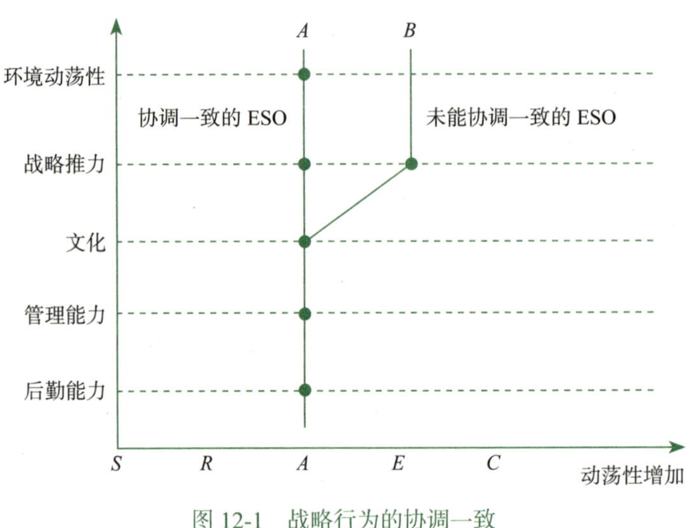

图 12-1 战略行为的协调一致

图中的状态 *A* 表示 ESO 先前已经适应了环境。状态 *B* 是指同一个 ESO 在环境动荡发生变化后，迅速调整战略推力，但战略潜力暂时没有跟上。状态 *B* 是不稳定的：如果对新推力的支持过早撤回或减弱，ESO 会重新退回到状态 *A*。如果战略领导力能持续把推力维持在状态 *B*，战略行动潜力会逐渐地转变为状态 *B*。

如前所述，管理层能够迅速完成战略行动潜力转变的一个选项是（但不一定能够减少惯性阻力）同步快速转变战略推力和支持它的管理系统（例如，引入战略规划系统）。另外一个扰乱性较小但持续时间较长的选项是：逐步的组织学习过程。

假设 12-1：战略转变的有效性

保持战略推力和战略行动潜力协调一致的战略转变会比存在严重失调的转变更有效率，效果更稳定。

转型的触发因素

在某些情况下（特别是当高层管理者被突然更换或危机来临时），战略转变会突然发生。在其他情况下，正如我们对滞后反应的讨论那样，从预算编制到战略适应，再到战略转变是一个循序渐进的过程。我们之前将从预算编制到战略适应的转变点定义为“抱负触发事件”。现在，我们将战略转变的起始点称为“战略触发事件”。战略触发事件的一种特殊情况是危机触发事件，即在面临生存危机时出现的情况。图 12-2 展示了这三种触发因素。

正如前面详细讨论的那样，抱负触发事件与 ESO 的文化相关。积极的文化力求达到高绩效水平，而抵制变化的文化则满足于现状。如图 12-2 下半部分所示，战略触发事件同样受文化的影响。战略触发事件可能有两种不同的来源。第一种来源是由于无法通过预算或者战略适应行为实现绩效抱负而导致的挫折感。我们可以将战略挫折触发事件表示为 T_f:

$$T_f = f_A$$

式中，f是挫折感系数。如图下半部分所示，战略挫折触发事件出现在正绩效水平上。虽然 ESO 并没有产生亏损，但它对盈利金额感到不满。该图显示，创造性 ESO 会主动寻求机会进行战略转变。这些企业通过提升动荡程度来扰乱现有环境，而不是等待抱负触发事件的出现（$f>1$）。探索性 ESO 对推力变革持开放态度，但不会主动寻求变革。一旦达到抱负触发事件，它们会毫不迟疑地做出反应（$f=1$）。另一方面，预测性 ESO 首先通过战略适应尝试回到抱负水平（$0<f<1$）。但是，它们不会容忍亏损，并会在亏损发生前进行转变。

在稳定性和反应性的文化中，战略触发事件并非来自不良绩效

造成的挫败感，而是来自对危机的恐惧。我们将其称为焦虑触发事件（$T_a = a_c$）。如图所示，反应性文化通常由对危机的预期触发，但对稳定性文化而言，它们只有在遭到现实危机的冲击时才会采取战略转变。

挫折感和焦虑感都会通过权力转变成行动。在达到足以触发转变的“临界力量”之前，挫折感和焦虑感会不断累积，影响士气并降低组织效率。当一个或者多个掌权集团意识到转变是可取的，或者通过权力更替，以前没有权力的团体现在能够在 ESO 中推行其战略偏好，战略触发事件就会出现。

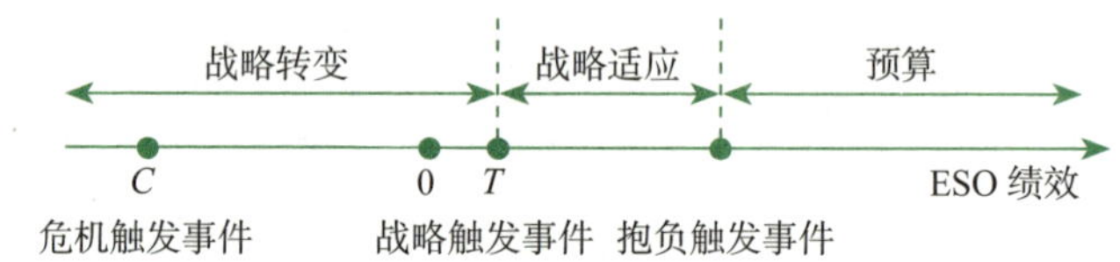

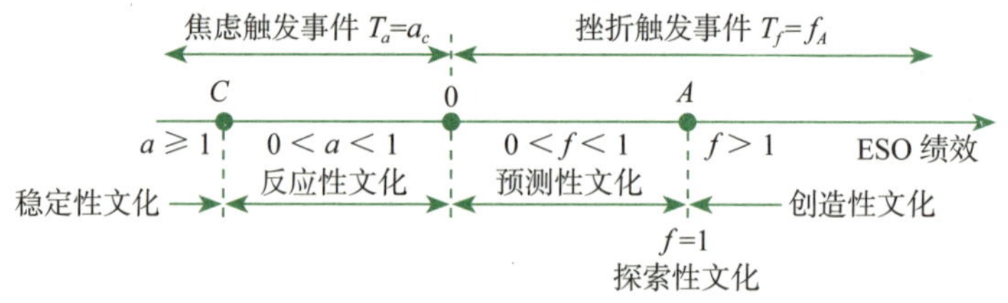

图 12-2 转型的触发

偏好的转变可能由以下几种情况引起：

（1）发生危机。

（2）环境动荡水平改变。

（3）引进新系统，改变 ESO 对环境的认知。

权力转移可能会在以下几种情况下发生：

（1）新管理团队晋升，接替即将退休的管理层。

（2）外部利益相关者强行要求更换核心管理人员。

（3）ESO 中的某个部门以牺牲其他单位为代价（通过政治操纵、

积累重要资源或者知识）逐渐积累权力，最终实现实际权力的接管。

（4）由于某个部门单位已成为 ESO 成功的关键而发生的类似夺权事件（例如，市场营销部门从生产部门接管 / 获取权力）。

假设 12-2：战略触发事件的成因

创造性、探索性和预测性 ESO 因对战略适应行为产生的结果感到挫败而转向战略中断行为。稳定性和反应性 ESO 则是由于对危机的恐惧而触发。

假设 12-3：战略触发的机制

在 ESO 内部普遍存在危机感时或当 ESO 内的一个联盟确信需要转变，并拥有足够的权力影响 ESO 内部的其他成员时，战略触发便会发生。

转型的模式

图 12-3 总结了几种典型的转型模式。该图左侧的表格展示了三种完全不同的序列。在第一种序列中，ESO 对抱负触发事件的初始反应是内向的，强调内部适应；在第二种序列中，ESO 的第一反应是外向的，面向市场；第三种序列代表了最为理性的 ESO，它选择了适合当前情况的反应方式。

图 12-3 右侧显示的是可能导致特定序列选择的条件，包括文化、权力结构和战略领导力。

针对响应时机的一个关键问题是，ESO 是否能够尽早启动战略触发的进程，以便有序地进行战略转型，还是要迫不得已在危机中紧急转变，从而承受损失的代价。在第五章，我们已经指出这个问题的答案，这首先取决于危机事件的新颖性，其次取决于事件发展的速度。

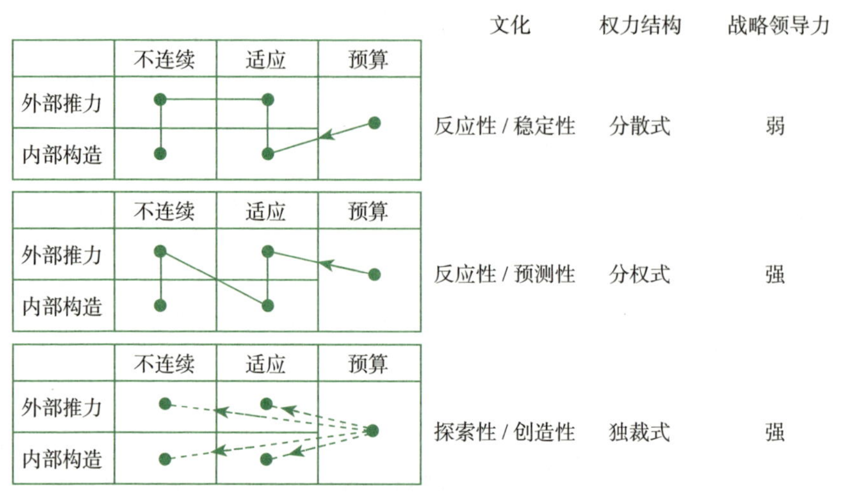

图 12-3 转型的行为模式

定义

环境干扰的速度是抱负触发时刻到对 ESO 产生全面影响时刻之间间隔时间的倒数。

因此，

$$S=\frac{1}{T_{AS}}$$

式中，S 是环境干扰的速度，T_{AS} 是间隔时间。

根据上一章的结论，我们绘制了图 12-4，以展示稳定性文化特有的反应序列和响应时机。该图也适用于领导力薄弱的反应性 ESO。每个反应阶段都有两个时间间隔：虚线上方是管理决策所需的时间，虚线下方是执行选定措施所需的时间。

根据我们前面的讨论，稳定性 / 反应性 ESO 在抱负水平被突破后，才会将注意力转向新的环境干扰。这会产生延迟 Δ_1。在选择和执行紧缩方案的过程中会产生延迟 Δ_2 和 Δ_3。回顾表 6-2，它提醒我们，稳定

性 / 反应性 ESO 是缓慢的问题解决者：ESO 会依次选择和尝试各种措施，直到达到满意的结果。图 12-4 的双反馈箭头就说明了这一点。在采取紧缩方案之后，这类 ESO 通常会诉诸于渐进式的战略变革，这样又带来了延迟 $\varDelta_4$ 和 $\varDelta_5$。

如前所述，战略触发事件可能恰逢其时，使 ESO 可以有序地转向新的行为水平，也可能不然。这一方面取决于环境干扰对 ESO 产生全面影响所需要的时间，另一方面取决于进行有序反应所需要的时间。如果用 $\varDelta_6$ 和 $\varDelta_7$ 来表示有序管理和后勤转变的所需时间，那么我们可以用下面的不等式表示允许有序转变成立的条件：

$$T_{\mathrm{AS}} - (\varDelta_1 + \varDelta_2 + \varDelta_3 + \varDelta_4 + \varDelta_5) > \varDelta_6 + \varDelta_7$$

如果不等式不成立，则需要引入紧急的危机式反应。但是，我们应当记住，稳定性 / 反应性 ESO 通常目光短浅。一开始，他们可能都没有意识到上述不等式不成立，而危机其实已经迫在眉睫。ESO 首先往往会启动渐进式转变，并一直持续到危机爆发，此时渐进式转变会突然演变为极端紧急事件。

图 12-4 的右上角提醒我们注意，ESO 的生存并非是一定有保障的，转变活动可能导致的其中一种结果就是破产，原因在上一章讨论过。另一种结果是将绩效恢复到期望的抱负水平。但如果环境干扰的影响不能完全逆转，但是又不至于致命，那么就会导致第三种可能的结果，ESO 在较低的抱负水平上达成稳定绩效的目标。读者可以遵循图 12-4 右上方类似计算机逻辑的关系图，找到这三种结果的事件顺序。

在图 12-5 中，我们展示了预测性 ESO 和拥有强有力战略领导力的反应性 ESO 的响应时机。后者的典型代表是在寡头垄断行业的大型企业，例如，汽车行业或化工行业。对于预测性 ESO，抱负触发事件发生在实际绩效下滑之前的 $-\varDelta_1$ 时期。在这类 ESO 中，预测是更大规模规划系统的一部分，这个规划系统会挑选出最优的措施组合。不同于稳定性 ESO 一事一议、按顺序推进工作的方式，预测性 ESO 实行的是一整套协调的行动方案。因此，预测性 ESO 无需反复试错，其用于决策的时间 Δ_2 也比稳定性 ESO 更短。

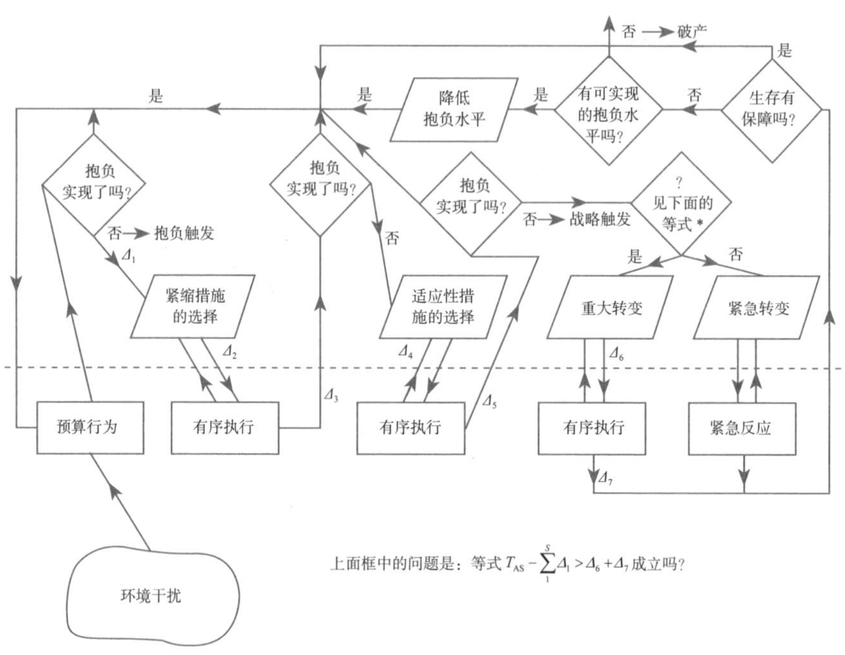

图 12-4 稳定性和反应性文化的响应时机

然而，一旦遇到战略触发事件，预测性 ESO 便会发现自己被既有的文化和能力束缚。尽管它们有能力应对渐进式的内部文化变革，但在处理新生事物方面，它们并不具备比稳定性 / 反应性 ESO 更强的能力。它们甚至可能比稳定性 ESO（图 12-4 中的 Δ_6）需要更长的时间（Δ_4）来做出转变决策，原因在于它们相信现有规划系统能够解决所有重要问题。当 ESO 坚持这种“我知道该怎么做”的行事方式时，可能就会错失那些原本能够聘请外部专家或开发新的决策能力的宝贵时机。

但是，即使存在这些延迟，预测性 ESO 仍有机会实现有序的战略转变，并有更好的生存机会：首先，它们预见了未来；其次，它的内部文化战略响应更高效；最后，它完成转变所需要采取的步骤更少。因此，如果下列不等式成立，则有序转变是可能的：

$$(T_{AS}+\varDelta_1)-(\varDelta_2+\varDelta_3)>\varDelta_4+\varDelta_5$$

式中，预测时间范围 $\varDelta_1$ 是增加的可用于响应的时间。

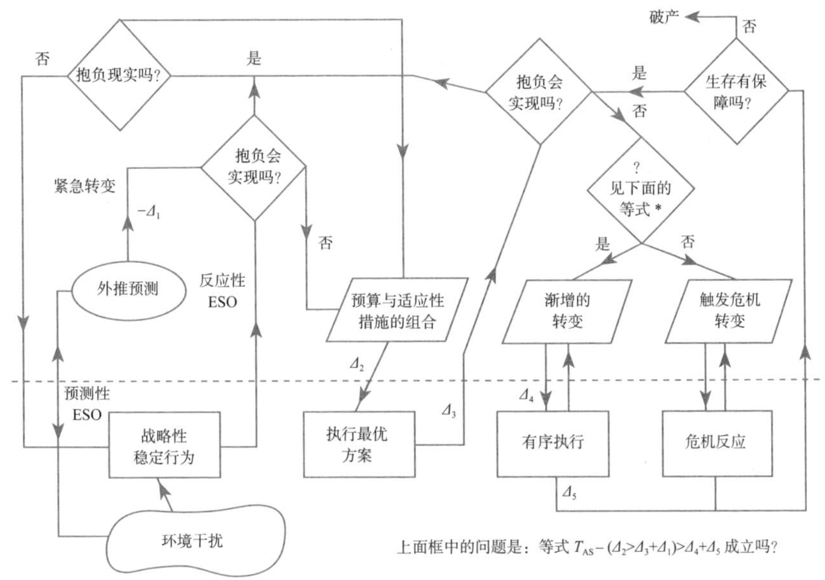

图 12-5　预测性 / 反应性 ESO 的响应时机

图 12-6 是三个系列图表中的最后一幅，展示了探索性和创造性 ESO 的响应时机。在这里，环境监测从两个重要方面补充完善了外推法预测：一是通过延长识别重要干扰的时间跨度增加了 $\varDelta_1$；二是更早地捕捉到许多环境干扰迹象——这些干扰迹象在其他文化中，往往只有在最终对绩效产生影响后才会显现出来。

如图 12-6 所示，探索性和创造性 ESO 具有文化开放性和技术先进性，能够将稳定、适应性和不连续反应共同作为一组备选方案。它们可以从中筛选出恰当的措施组合，并且可以平行推进这些措施。这样，就进一步优化了行动方案的选择时机。不等式现在变为：

$$T_{AS} + \varDelta_1 > \varDelta_2 + \varDelta_3$$

这意味着当环境干扰要求 ESO 进行战略转型时，探索性 / 创造性 ESO 将直接响应，不会耗费时间进行初步尝试，或者通过适应性措施来找到解决问题的方案。

如图 12-6 所示，探索性 / 创造性 ESO 会不断地重新审视自己的抱负水平。如果转变计划的结果没有达到预期，ESO 将会加强环境监测，以寻找新的替代方案。如果计划达到或者超过了事先确定的抱负，那么 ESO 会将抱负水平进一步提高，并启动新的计划。

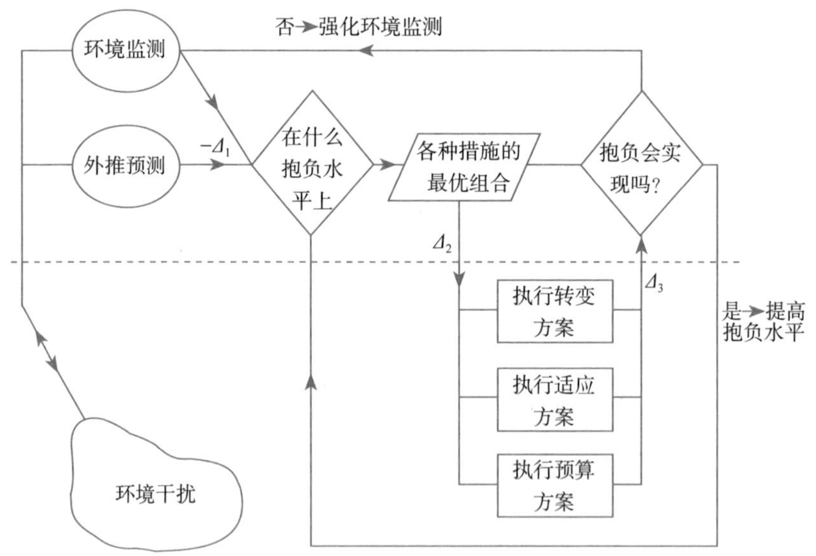

图 12-6　探索性 / 创造性 ESO 的响应时机

转型的行为总体模型

在图 12-3 中，我们探讨了在文化、权力和战略领导的特定组合作用下，对外部推力和内部行动潜力的关注序列。在图 12-4、图 12-5 和

图 12-6 中，我们介绍了环境变化的速度和与三种典型情况相对应的战略响应时机。在本节中，我们要对转型行为进行概括，使我们能够追踪不同关键变量组合的结果。这些关键变量是：

（1）环境的动荡性。

（2）权力结构。

（3）战略文化。

（4）战略领导力。

（5）ESO 的资源。

（6）管理能力和后勤能力。

为了方便管理组合的数目，我们规定每个变量可以假设的值如下：

- 环境要么处于稳定的状态（需要预算反应模式），要么处于更高动荡水平（需要战略适应），要么处于向新动荡水平的转变阶段。
- ESO 的内部文化要么是追求变革的，要么是抵制变革的。
- 权力要么是集中的，要么是分散的。
- 战略领导力或强或弱。
- ESO 的资源是否足以支持特定的战略转变。
- ESO 是否有足够的能力在破产之前完成推力转变。

我们用图 12-7 中总结了所有可能的反应路径。图中使用的标注符号如下：

不规则图形表示环境输入；

长方形表示 ESO 的要素；

圆圈表示政治行为；

椭圆表示战略行为；

菱形代表触发事件。

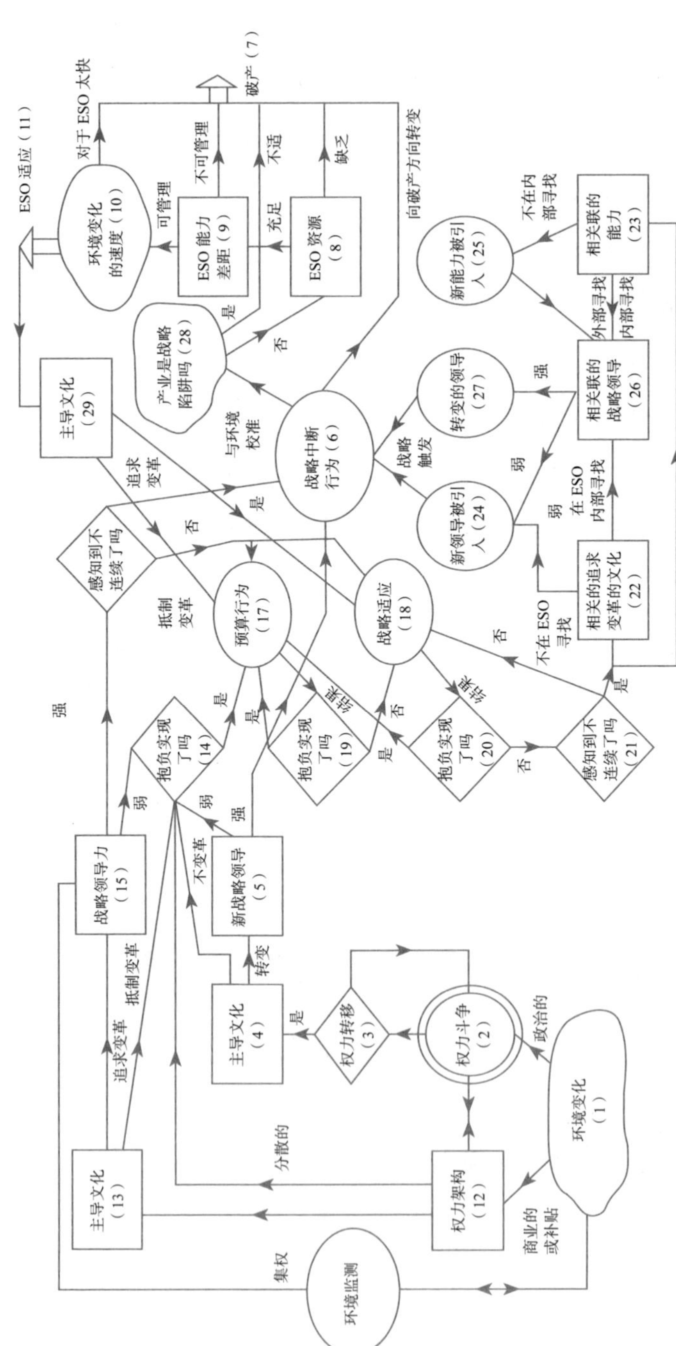

图 12-7 环境、权力、领导力、文化对转型行为的影响

我们可以从该图左下角标有（2）的同心圆开始探索。它代表 ESO 内部持续不断的权力斗争。由于权力斗争或环境中政治因素的影响（1），可能会导致权力转移（3），使得权力被转移到新的群体或个人手中（5）。如果新权力结构下的战略行动文化（4）与以前相同，那么新领导层不会主动改变战略行为，除非 ESO 未能实现其抱负。另一方面，如果新领导层的战略观念不同，也会倾向于改变 ESO 的战略行为，即使环境中没有刺激因素。

这种倾向是否会变为现实，取决于新权力结构中领导者（5）的实力。如果领导者实力雄厚，如谚语所说“新官上任三把火”，那么 ESO 就会经历一次战略中断（6）。如果领导者软弱无力，他们最多只会挑战和改变 ESO 以前的抱负水平（14）。

在前一种情况下，由权力接管引发的战略转变不一定对 ESO 有利，甚至可能无法保证其生存。例如，如果权力转移是由于前任管理层未能应对日益激烈的环境动荡而引起的，那么新的保守派集团可能会强化其行为，使其回到与先前动荡水平相适应的“美好旧时代”，这将进一步威胁到其生存。再如，一群“急性子”的企业家接管了一家经营稳定、实力雄厚但缺乏活力的公司，并把资源和能力挥霍在不切实际的多元化经营和收购计划上。

如果新的权力结构旨在推动 ESO 更好地与环境协调一致，其结果将取决于战略差距的大小、环境的特征以及 ESO 的资源和能力。我们会在下面讨论可供选择的结果。

回到步骤（1），环境变化可能不是政治变化，而是商业变化或补贴变化。如该图所示，ESO 的反应将取决于其权力结构是集中的还是分散的。如果权力结构是分散的，那么 ESO 可能会在抱负触发事件发生（14）之后，才能识别到干扰因素。如果权力结构是集中的，那么接下来的发展将取决于ESO的主导文化（13）是追求变革，还是抵制变革。在抵制变革的情况下，环境变化只有在抱负触发事件发生（14）之后才会被识别。而在追求变革的情况下，ESO的反应又进一步取决于占主导文化的战略领导力（15）的性质。弱势领导会拖延到直至抱负触发事件发生（14）。但追求变革的强势领导将会审视环境，并判断在存在环境干扰的情况下是否需要进行战略转变。如果答案是肯定的，管理层就会立即启动战略转型计划（6）。如果管理层认为无需进行战略转型，通过其他措施也可以控制干扰因素，管理层将触发适当的行为模式：要么是预算行为（17），要么是战略适应（18）。

因此，许多备选路径都汇聚于菱形框（14），在这一触发事件中，ESO的反应取决于其绩效和抱负之间的差异。如果绩效超出抱负，ESO便会在战略层面维持稳定的预算行为（17），尽管随着绩效与抱负之间的差距扩大，这种行为的力度可能逐渐增强。

正如我们之前讨论过的，ESO经过一段时间的拖延之后，就会触发下一步，即菱形（19）处选择“否”。于是，越来越多的ESO会选择战略适应（18）。如果最初触发这些活动的环境干扰可以通过战略适应解决，那么这些措施就会取得成功，ESO就会回归到预算行为。

如果措施未能奏效，ESO就会坚持下去，直至它们意识到选择战略适应这条路径显然无济于事，必须面对战略中断（21）。如果这种情况发生，ESO就会开始寻找具备强大的领导潜力（26）和相关能力（23）的“救世主”（22）。这种寻找可能导致内部权力的转移（27），或者从外部引进新领导力（24）和胜任能力（25）。

在政治转变之后，新的领导者开始转向战略转变。它的成功首先取决于对问题的准确判断。如果判断失误，它将把ESO推向破产边缘

(7)。如果能够正确认识问题，ESO应对问题的能力就进一步取决于环境中是否存在解决方案(28)。如果环境已经变成战略陷阱，破产便不可避免。若有可行的解决方案，那么ESO资源的充足性(8)，需要弥补的能力缺口(9)以及ESO的反应相对于环境变化的速度(10)将决定ESO能否适应。如果ESO的主导文化是抵制变化的，那么随着战略转变的完成，ESO将会恢复预算行为；如果ESO的主导文化是追求变革的(29)，ESO将采取战略适应行为。

现在我们用前面提到的关键观点来总结有些复杂的图12-7。

假设12-4：影响转变行为的力量

(1)当存在下列一个或多个条件时，ESO将坚持预算或者战略适应行为，直到抱负触发为止：

1)主导文化是抵制变革的。

2)权力是分散的。

3)战略领导是软弱无力的。

(2)抱负触发之后，这些ESO将遵循有序的转变行为模式：对于稳定性ESO，是从预算到战略适应，再到战略中断；对于具有其他文化的ESO，则是从战略适应到战略中断。

(3)根据上述模式，在向战略中断行为转变之前，ESO通常会向新的管理层移交权力。

(4)战略中断行为可能由下述因素触发：

1)强势的且寻求变革的战略领导察觉到了环境动荡中的变化。

2)ESO无法通过预算适应行为扭转不利趋势。

3)强势的新管理层不顾环境的影响，试图将其战略文化强加于ESO。

（5）在下列情况下，战略中断行为将取得成功：

1）环境动荡的变化没有将行业变为战略陷阱。

2）ESO 配有用于战略转变所需的必要资源。

3）ESO 的能力缺口能够及时弥补，以使 ESO 避免环境干扰的破坏性影响。

如果上述条件有一项不成立，ESO 将会失败。

STRATEGIC
MANAGEMENT

第十三章

基本公理

“希腊人对世界进步的真正贡献在于，他们发现了一个惊人的秘密，即思辨理性本身也是受有序方法制约的。”

“我想阐述的是……人们对环境所发挥的主观能动性源于三个层次的动力：活着，活得精彩，活得更好。事实上，生活的艺术首先是活着，其次是以令人满意的方式活着，最后才是追求和获得更多的满足感。”

——艾尔弗雷德·诺思·怀特海

复杂性的认识论

本书主要旨在帮助读者理解复杂性。所有自称为科学家的人都有一个共同的动力：感知现实中的秩序，并通过捕捉这种认知，深化人类对管理学家所描述的“现实世界”中令人敬畏的复杂性的理解。

理解现实世界的一种传统方法是，利用科学家特有的视角观察其中的现象。因此，心理学家们探索的是可以用个人和人际行为变量解释的问题，政治学家们则专注于权力现象的研究。

这种科学视角上的区分，是由研究“自然”世界（相对于“社会”世界）的研究者们率先提出和阐述的。这种阐述的成果之一，就是将科学逐渐细分为不同的专业性学科。在过去的300年间，百科全书式的科学家形象已经被越来越多的专业的物理学家、化学家或生物学家取代。

另一个成果是科学方法的发展。科学方法是经验启发式的，它认为对现实世界做的任何论断只有经过实验证明才能确定真伪。这种经验验证的启发式方法是人类理解和掌握自然界现象的一种非常有效的工具。但是，这也进一步限制了特定时期研究的复杂性范围。要想引起实证科学家的兴趣，研究的问题不仅要与他们的科学方法论相符，还必须经过实证检验。

在20世纪，社会科学（经济学、心理学以及研究范围更窄的社会学和政治学）开始采用经验启发式的方法论，并借此将现实世界分解成了可理解的复杂性片段。如今，大多数自然科学家和社会科学家都是这种方法论的实践者。

每当科学家视角下的变量，也是所研究的现实片段中起决定作用的变量时，复杂性－分割研究方法非常有效。只要出现下列一种或者两种情况，这种方法准会失效：第一，研究领域不够独立，使得其中的行为既受环境变量的影响，也受其内部变量的影响；第二，科学家的观察视角与关键的内部变量不匹配（用数学术语讲就是不同胚）。因此，心理学无法解释在一些情境中的行为，因为在这些情景中，除了个人和人际关系的影响外，权力现象也起着主导作用。

对于复杂性－分割研究方法的另外一种理解是，它其实是在寻找对于问题的解释。当两者相匹配时，这种方法就会奏效；当两者不匹配时，其结果充其量是对现实的不完全理解，最坏的情况则是对现实的错误理解。

此外，目前更为根本的一个缺陷是，在选择要处理的问题时，人们倾向于遵循科学的逻辑，而非社会优先事项的逻辑。在第二次世界大战之前，这种差异并没有成为问题。一是因为现实世界本身被细分成不同部分，它是结构化的、稳定的、被分割开来的；二是因为科学的贡献在于，对于那些已经通过自然进化解决了的社会问题，它进一步优化了解决方案。

然而，自从第二次世界大战以来，社会变得日益动荡和相互联系，社会问题也越来越复杂，跨越多个学科。其中问题仍未真正获得解决。

科学知识已经成为决定现代文明生死存亡的主要社会力量之一。因此，对复杂性的分割越来越不能满足当今社会的需要。对此，科学界的反应分为几种类型。

大多数科学家认为（而且往往是有理由的），在科学学科范围内，仍有许多激动人心的和对社会有利的科学领域等待着被探索。他们将对社会优先事项的关注留给了非科学家和政治家。

第二类科学家将注意力集中在社会优先事项上，但他们认为“必须先生产所有的砖头才能建造房子”。他们通常认为对复杂性的处理只是一种简单的累加过程。首先，所有因素必须经过复杂性－分割研究方法的处理。这一步一旦完成，高度复杂的问题就可以通过直接的组合来解决。也就是说，在烧制完所需的砖块并检验后，房子的形状就有了。

这两类科学家都坚持对复杂性问题进行分割的处理方法。但是，渐渐发展起来的第三类科学家们认为，专门化知识的整合并不是简单的累加，而且也不能等到全部砖头烧制完后才开始设计房屋。他们认为，复杂问题具有重要的系统特性（例如一个复杂要素集合的组织原理）。这一类科学家致力于探索复杂性的综合研究方法。

之所以有这种认知转变，是因为人们认识到，简化复杂性并不是武断狭隘的思维方式。它恰恰反映了现实世界的复杂性远远超出了人类处理复杂事物的能力。因此，需要复杂性的综合研究方法来弥补人类思维的有限理性。

目前广泛使用的一种方法是系统方法，类似于计算机领域的模拟技术。这两种方法都是从基本的复杂性片段中逐步构建庞大而复杂的世界模型。这种方法虽然费力、费时，但处理的信息量和覆盖的复杂性令人印象深刻。这里的概念简单明了，就是为单一研究领域加入多个新的要素。

系统方法并非简单的累加，而是侧重于关注相互邻近的现实片段之间连接和相互关系的性质。相邻片段组成群体，又连接到其他群体，从而使得构建各种复杂性程度的结构成为可能。该方法的关键特征在于，分析人员不需要（也不可能）理解整体复杂性，只需要理解片段及其相邻片段的相互关系。

在电子计算机出现以前，复杂性的综合研究方法在实践中受到计算技术的制约。在许多情况下，探索一个现实的复杂模型所需的时间超过了进行实验检验所需的时间，甚至超过了让实际系统通过反复试验，自己找到解决方案所需的时间。但电子计算机的出现改变了这一切。计算机高速处理复杂性的能力几乎是无限的。但与此同时，建立模型所需的成本、时间，特别是所需数据的可获得性，对计算机的实际能力造成了一定的限制。

通常，系统分析或模拟中所包含的复杂性远远超过建构系统的科学家的理解。当模拟模型完成时，建构者有权利声称他们建立了一个复杂现实的镜像。但是，他们通常不能用文字和概念来描述这个镜像，从而解释其复杂性。相反，建构者“运行”模拟：他们假设某些关键（“自变量”）的值，计算模型预测其他重要（“因变量”）的值。因此，用工程术语讲，模拟就是一个巨大的使“投入”与“产出”相联系的“黑匣子”。

另一种复杂性的综合研究方法是希腊人发明的，大约2200年前，伟大的希腊哲学家兼数学家欧几里得对其进行了详细的阐释。这个阐释在今天的数学界被称为欧几里得几何。欧几里得没有用计算机模型代替人的理性，而是采用复杂性归纳（或复杂性简括）的办法来克服人类理性的局限。这种方法建立在一个假设的基础上，即在任何非常复杂的情形下，都有可能找出少量相对简单的解释（欧几里得的术语是“公理”）。这些解释有两个特征：它们能解释最高层次的复杂性；通过逻辑推理，可以从较高层次的复杂性得出较低层次的解释。

欧几里得之后大约2100年，管理哲学家切斯特·巴纳德（Chester Barnard）也得出了一个非常相似的结论：无论多么复杂的管理问题，通常都可以找出少数几个决定基本解决办法的战略变量。

欧几里得的方法在本质上是一种分级方法。最顶层一个非常高层次的复杂性，它可以高度简洁地解释较低层次发生的一切。（现代有名的例子是爱因斯坦的质能守恒公式 $E=mc^2$，它包含了能量与质量之间的转换关系）。该方法也明确说明了演绎或逻辑规则，可用于推导和检验逐步划分复杂性的解释。

为了与处理复杂性的其他方法比较，我们将这种方法称为复杂性归纳法，通常也叫理论构建法。这种方法在古希腊盛行一时，在中世纪逐渐衰落，文艺复兴时期的哲学家和科学家们使其重新焕发生机。直到20世纪初期，它一直是探索知识的主要方法。达·芬奇、伽利略、牛顿、麦克斯韦、门捷列夫、达尔文、玻尔和爱因斯坦等最杰出的实践家是其光辉成就的代表人物。在20世纪，复杂性–分割研究的方法逐渐取代了理论构建法，成为科学研究的主要方法。今天，理论构建法只在数学领域占主导地位，而数学本质上是一门非经验科学。在包括哲学在内的所有领域，基于经验的复杂性–分割研究才是核心主题。

有一种普遍的误解认为理论构建法是以演绎的方式进行的，即有总体的见解之后才有较低层次的见解。事实上，在所有重要的历史应用中，该方法是反其道而行之的，由特定的见解推演到最终的概括，但这种方法并非是一种机械式的归纳法。最终的理论概括往往是一种灵感的闪现，是科学家在潜意识中整合各种信息后突然获得的深刻见解，这种见解让他们在原本错综复杂、不可理解的信息海洋中洞察到了一个基本的规律。随后，他们会推导出这种规律与较低层次复杂性之间的逻辑联系，这既是为了获得新的具体理解，也是为了检验这个深刻见解的正确性。因此，理论构建既是归纳式的——因为终极见解来源于较低层次的经验，又是演绎式的——因为这种见解丰富了被分割的复杂性。

像其他方法一样，复杂性归纳的方法也有其缺点。由于要把解释压缩成人们能够理解的形式，它往往会比复杂性-分割法或者系统法更简化地描述现实。在最高层次，它只提供了系统行为的总体“战略”视图，而没有模拟能提供的丰富细节。但它提供了一种可理解的高度复杂性的观点，并捕捉到了属于这一层次的系统特性。

从前面的讨论中我们可以清楚地看到，历史上理解复杂性的三种主要方法是不能相互替代的，而是可供选择、互为补充的视角，它们对现实做出了不同的解释。复杂性-归纳法是两千多年前发明的，复杂性-分割法是在最近三百年间发展起来的，而系统方法是在最近一百年间发展起来的。如前所述，今天大多数科学家都在遵循复杂性-分割法，这种知识探索法的价值观和文化主导着科学家的思想。另一方面，社会优先事项要求他们越来越多地使用复杂性的综合研究方法。

正如前面提到的，复杂性-分割法的基础之一是基于实证验证的启发式算法。在过去一百年间，这种探索被纳入了理论构建。典型的方法是从基本公理中推导出一个简单的、可通过实验检验的陈述，然后通过实验证实该陈述。历史上经典的例子是迈克耳孙-莫雷实验，以及为检验爱因斯坦的概括性原理而进行的红移实验。

这些实验的重要特征是它们把概括性的陈述（如爱因斯坦的相对论公式）转换为可计算和可测量的结果（如在两种不同条件下光的传播时

间的差异）。实证验证的优势和劣势都在于此：如果能够进行这种明确的转换，那么一个有限的实验就可以验证一个非常全面的理论。但如果无法进行量化推论，那么就没有办法（在经验探索范围内）检验该理论是否成立。这种情况是大多数社会行为理论的典型问题，在缺乏实证检验的情况下，这些理论通常是由不同科学家提出的个人假设。因此，“理论”一词略带贬义，与“猜测”是同义词，而“不切实际的”经常是前面的修饰词。

欧几里得的复杂性归纳和伽利略的实证检验的结合，加强了自然科学，削弱了社会科学。此外，经验主义的主导地位掩盖了这样一个事实，即最初由希腊人发明的复杂性归纳的方法论本身就有一套完善的（非经验性的）方法来检验理论的正确性。艾尔弗雷德·诺思·怀特海在 1929 年撰写的《理性的功能》一书中，将经验主义主导地位称为“反经验教条主义的典型例证”。他还重申了实证探索，这种探索在伽利略首次从比萨斜塔上抛物之前已经被使用了两千年。用他的话说：

希腊人的逻辑在历经了无数个世纪的检验后最终完善，它们提供了一套准则，信仰也应该遵循这些准则，这些准则是：

（1）与直觉经验一致。

（2）命题内容清晰。

（3）内在逻辑前后一致。

（4）外在逻辑前后一致。

（5）逻辑体系的状况要：

1）与普遍经验一致。

2）不与经验冲突。

3）各项概念前后一致。

4）方法合理。

有耐心的读者肯定注意到了，本书采用了欧几里得式的传统写作风格。本节的目的有两个：首先，将本书与一个伟大的但目前被忽视的人类探索传统联系起来；其次，为读者提供怀特海的准则，据此来评价本书所提出的假设的有效性。下面汇总了本书的基本公理。

基本公理

同大多数理论构建的成果一样，本书历经了八年的准备时间和两年的写作时间，既有归纳的过程，也有演绎的过程。直到最后才可得到基本公理。因此，我把它们放在书的末尾而不是开头。

公理是关于环境依赖型和环境适合型组织在复杂动荡环境中的行为的。为了便于记忆，同时也为了向对本书产生重大影响的个人表示敬意，我以人名命名以下公理。

公理 I：怀特海公理

这个公理是关于个体对组织的影响的。我把它叫作怀特海公理是因为我先前受过的教育。行为科学家们可能会把它叫作“马斯洛公理”。

（1）每个人的行为动机，都是对安全（生存）抱负及成就抱负的渴望。由于成就需要承担风险，每个人都会在这两种抱负之间做出个人的、不同的权衡。

（2）个体加入并利用组织来实现各自的安全 / 成就抱负。

（3）个体追求其抱负的力度取决于其成就动机的强度和可支配的权力（参见马基雅弗利公理）。

公理 II：马基雅弗利公理

这个公理是有关权力的。

（1）个体和集体试图通过影响他人，使他人按照自己的偏好行事，

来实现他们的抱负。

（2）他们的影响力取决于他们同意（拒绝）给予其他人实现其抱负的控制程度。

公理 III：J.V. 汤普森公理

这个公理是关于组织动力的。

（1）组织有独立自主的行为倾向，并且这些行为倾向经常与有权势参与者的偏好背道而驰。

（2）组织有可识别的共同抱负，但不一定是有权势参与者的抱负。

（3）组织会抵制为改变其以前行为而付出的努力。

（4）组织在某一环境中的行为可能会出现两种极端，一种是勉强、被动地适应环境，另一种是积极、创造性地改变环境。

公理 IV：埃默里 – 特里斯特公理

这个公理是关于环境对组织的影响的。

环境决定了组织实现生存（成就）抱负所需的行为模型和条件。

公理 V：钱德勒公理

这个公理是关于组织成功和生存的。

组织的成功（生存）取决于以下两个方面的一致性：

（a）组织在环境中的行为与环境所要求的成功（生存）条件之间的一致性。

（b）组织的行为与组织内部结构之间的一致性。

写到这里，我忍不住想要制作一张图，用以展示本书中的假设是如何从公理中推导出来的。然而，我抑制住了这种冲动，是出于以下考虑：

（1）这张图将会在很大程度上与我们已经讨论过的图 2-1 中的内容重复。

（2）读者朋友是时候放下这本冗长晦涩的书，稍事休息了。

（3）我也该喘口气了。

（4）如果我重新绘制这张图，我会忍不住想要重新审视书中的大部分内容。

（5）如果我真的重写本书，秘书会离我而去，妻子会向我提出离婚，出版商会因为严重逾期交稿而取消合同。

（6）忠实地读到本书最后一页的朋友，应当体验一次亲自画图的机会。从学习理论的角度说，这是将所学的内容“内化于心”的一种方式。

朋友们，恭喜你坚持读完了这本书，我想向你们的耐心致敬！

参考文献

Ackoff, Russell L., *Concept of Corporation Planning* (Wiley, 1970).

Ackoff, Russell L., *On Purposeful Systems* (Aldine, 1972).

Ackoff, Russell L., *Redesigning the Future: A Systems Approach to Societal Problems* (Wiley, 1974).

Allison, G. T., *Essence of Decision: Explaining the Cuban Missile Crisis* (Little, Brown, 1971).

Anshen, Melvin (Ed.), *Managing the Socially Responsible Corporation* (Riverside, N. J.: Macmillan, 1974).

Ansoff, H. Igor, 'Strategies for Diversification', *Harvard Business Review*, September – October, 1957.

——'A Model for Diversification', *Management Science*, Vol. 4, July, 1958.

——'Planning for Diversification Through Merger' (with Theodore Andersen, Frank Norton, and J. Fred Weston), *California Management Review*, Vol. 1, No. 4, Summer 1959.

——'A Quasi-Analytic Method for Long Range Planning.' Paper presented at the 1st Symposium on Corporate Long Range Planning, the Institute of Management Sciences, College on planning, 6 June 1959, and at the 6th Annual International Meeting, the Institute of Management Sciences, Paris, 9 September 1959.

——'Merger Objectives and Organization Structure' (with J. Fred Weston), *Review of Economics and Business*, August 1962.

——'Management Participation in Diversification'. Paper presented at Stanford Research Institute, Newark, N. J., 25 September 1963. Published in Proceedings of Client Conference, Menlo Park, California, Long Range Planning Service, Stanford Research Institute, 1963.

——'Planning as a Practical Management Tool', *Financial Executive*, June 1964.

——'A Quasi-Analytic Approach to the Business Policy Problem', *Management Technology*, Vol. 4, June 1964.

——'Company Objectives: Blueprint or Blue Sky?', *Management Review*, September 1962. Reprinted in *Management in Perspective*, (Eds., W. E. Schlender, William G. Scott and Alan C. Filley) (Houghton Mifflin, 1965).

——*Corporate Strategy* (McGraw-Hill, 1965).

——'The Firm of the Future', *Harvard Business Review*, September–October 1965.

——'Planning at the Level of an Enterprise in the USA.' Paper presented at the *2ème Congrès National de Gestion Pré-*

visionnelle, Paris, 14–16 September 1966. Published in the Proceedings of the Conference, Paris, 1966.

——'Research and Development Planning' (with Richard G. Brandenburg). In *Handbook of Business Administration* (Ed., H. B. Maynard) (McGraw-Hill, 1967).

——'The Expanding Role of the Computer in Managerial Decision-Making', *Informatie, Jaargang*, Amsterdam, 1967.

——'The Innovative Firm', *Enterprise: Journal of the PE Consulting Group*, July 1967.

——'Design of Optimal Business planning System: A Study Proposal' (with Richard G. Brandenburg), *Journal for Cybernetics of Planning and Organization*, March 1967.

——'The Evolution of Corporate Planning.' Report of the SRI Long Range Planning Service, Palo Alto, Calif., September 1967.

——'The General Manager of the Future' (with Richard G. Brandenburg), *California Management Review*, Vol. 2, No. 3, Spring 1969.

——'The Knowledge Professional in the Post-Industrial Era.' *Bedrijfskunde, Jaargang*, Vol. 47, No. 2, 1975, pp. 88 *ff*.

——'The State of Practice in Management Systems.' Paper presented at the 2nd U.S. – U.S.S.R. Conference on Planning, New York, May, 1975. Published as EIASM Working Paper No. 75–11. Brussels: European Institute for Advanced Studies in Management, 1975.

——'Shortcomings of Strategic Planning.' Interview in *International Management*, September 1976.

——*From Strategic Planning to Strategic Management* (Joint Ed. with Roger P. Declerck and Robert L. Hayes.) (Wiley, 1976).

——'Strategic Portfolio Management' (with James C. Leontiades), *Journal of General Management*, Vol.4,No.1,1976,pp.13–29.

——'Managing Surprise and Discontinuity – Strategic Response to Weak Signals', *California Management Review*, Winter 1976.

——'Societal Strategy for the Business Firm' (with Oscar Tivis Nelson). Forthcoming.

——'The State of Practice in Planning Systems', *Sloan Management Review*, Vol. 18, No. 2, Winter 1977, pp. 1–24.

——'Strategies for a Technology-Based Business' (with John M. Stewart), *Harvard Business Review*, November–December 1967. Forthcoming in *The Managerial Mind* (Irwin).

——'An Appreciation of Industrial Dynamics' (with Dennis Slevin), *Management Science*, Vol. 14, March 1968.

——'A Language for Organizational Design' (with R. G. Brandenburg). Paper presented at OECD Working Symposium on Long Range Planning, Bellagio, Italy, October–November 1968.

——'Managerial Problem-Solving.' In *Management Science in Planning and Control* (Ed. John Blood, Jr.) (Special Technical Association Publication, No. 5. New York: The Technical

Association of the Pulp and Paper Industry, 1969).

——'Vers une Théorie Stratégique des Entreprises' (Toward a Strategic Theory of the Firm), *Économies et Sociétés*, Tome 2, No. 3, Paris, 1968. Reprinted in English as 'Toward a Strategic Theory of the Firm' in *Business Strategy* (Ed., H. Igor Ansoff) (Penguin Books, 1969).

——'Long Range Planning in Perspective', presented at CIOS 15th Congress, Tokyo, 1969. Published in *Proceedings of the 15th CIOS International Management Congress*, Kogakusha Co. Ltd., Tokyo, 1969.

——*Business Strategy* (Ed.) (Penguin Books, 1969).

——'Toward a Strategic Theory of the Firm.' In *Business Strategy* (Ed. H. Igor Ansoff) (Penguin Books, 1969).

——'Does Planning Pay? The Effect of Planning on Success of Acquisitions in American Firms' (with Jay Anver, Richard Brandenburg, Fred Portner and Ray Radosevich), *Long Range Planning Journal*, Vol. 3, No. 2, 1970.

——'Institutional Factors in Strategic Decision-Making' (with Don Lebell), *Journal of Business Policy*, Vol. 1, No. 3, Spring 1971.

——*Acquisitions Behavior of U.S. Manufacturing Firms, 1946–65* (with Richard G. Brandenburg, F. E. Portner, and H.R. Radosevich) (Vanderbilt University Press, 1971).

——'The Concept of Strategic Management', *Journal of Business Policy*, Vol. 2, No. 4, Summer 1972.

——'Dolgosrochnoe Planirovanic v Perspective', *Sovremennye Tendenzyi v Upravelenti v Capitalisticheskich Stranakh*, pp. 51–72 (Moscow, Izdatelstvo Progress, 1972).

——'Corporate Structure, Present and Future', *Proceedings of the Third International Conference on Corporate Planning*. (EIASM Working Paper No. 74–4, Brussels, 1973).

——'The Next Twenty Years in Management Education', *Library Quarterly*, Vol. 43, No. 4, October 1973.

——'Management in Transition' in *Challenge to Leadership: Managing in a Changing World*, pp. 22–63 (New York: Free Press, 1973).

——'Role of Models in Corporate Decision-Making' (with Robert L. Hayes). In *Systems and Management Annual, 1974* (Ed. by Russell L. Ackoff) (New York: Petrocelli Books, 1974).

——'Functions of the Executive Office in a Large Conglomerate' (EIASM Working Paper No. 85–42, Brussels, 1974).

——'Management en Advieswerk: de derde generatie', *Overdruk uit TED*, Tijdschrift voor Effectief Directiebeleid, Mei 1974.

——'La Structure de l'Entreprise Aujourd'hui et Demain', Cahier de *La Fondation Nationale Pour L'Enseignement de la Gestion*, No. 9, October 1974. Reprinted in *Chefs: Revue Suisse du Management* in two parts, February and March 1975.

——'An Applied Managerial Theory of Strategic Behavior' (EIASM Working Paper No. 75–12, Brussels, March 1975).

——(Ed.) 'Management under Discontinuity.' Proceedings of

INSEAD Conference, Fontainebleau, January 1975. (EIASM Report No. 75–1.)
——'Planned Management of Turbulent Change.' Forthcoming in *McGraw-Hill Encyclopedia of General Management*.
——'Management of Strategic Surprise and Discontinuity: Problem of Managerial Decisiveness.' (EIASM Working Paper No. 29–75, Brussels, 1975).
Arrow, K. J., *General Competitive Analysis* (Holden-Day, 1971).
Ashby, W. R., *Introduction to Cybernetics* (Wiley, 1956).
Baumol, William J., *Business Behavior, Value and Growth* (Revised Edn.), pp. 86–9, (Harcourt, Brace, 1967).
Beer, Stafford, *The Brain of the Firm* (Herder and Herder, 1972). (*See* Ch. 2: Concepts and Terms; Ch. 6: Anatomy of Management.)
Bennis, W. G., *Changing Organizations* (McGraw-Hill, 1966). (*See* Ch. 7: Change Agents, Change Programs and Strategies.)
Bennis, W. G., Benne K. D., Chin R., *The Planning of Change* (2nd Edn.) (Holt, Rinehart, 1969).
Benson, J. Kenneth, 'Organization, a Dialectical View', *Administrative Science Quarterly*, Vol. 2, March 1977.
Bell, Daniel, *The Coming of Post-Industrial Society* (New York: Basic Books, 1973).
Blake, Robert R., and Mouton, Jane S., *The Managerial Grid* (Houston: Gulf Publishing Co., 1964).
Bok, Derek C., and Dunlop, John T., *Labor and the American Community* (Simon and Schuster, 1970).
Boulding, Kenneth E., *Economics as a Science* (McGraw-Hill, 1970).
Bower, Joseph L., *Managing the Resource Allocation Process* (Irwin, 1972).
Broden, P., 'Turbulence and Organizational Change.' Linköping Studies in Science and Technology. Dissertation N. 7, 1976.
Chandler, A. D., Jr. *Strategy and Structure* (M. I. T. Press, 1972).
Channon, D., 'Corporate Strategy and Organizational Structure in British Industry's, *Journal of Business Policy*, No. 3, 1972.
Clausewitz, Karl von, *On War* (9th Edn.) (Routledge, 1968).
Cooper, William W., Leavitt,Harald J. and Shelly,M. W., *New Perspectives in Organizational Research* (Wiley, 1964).
Cordiner, Ralph, J., *New Frontiers for Professional Managers* (McGraw-Hill, 1956).
Crozier, M., 'Le problème de l'innovation dans les organizations économiques', *Sociologie du Travail*, Vol. 10, January–March 1968.
Crozier, M., 'Les problèmes humains que posent les structures de l'enterprise dans une societé en changement.' Paper presented at Cannes Colloquium, March 1971.
Cyert, Richard M., and March, James G., *A Behavioral Theory of the Firm* (Prentice-Hall, 1963).
De Brugne, P., 'Esquisse d'une théorie de l'administration des entreprises', *Librairie Universitaire*, Louvain, 1963.

De Woot, Ph., *La Fonction d'enterprise: formes nouvelles et progrès économique* (Louvain, Éditions Nauwelaerts, 1962).

Drucker, Peter F., *The Age of Discontinuity* (Harper and Row, 1969).

Emery, F. E., and Trist, E. L., 'The Causal Texture of Organizational Environments', *Human Relations*, Vol. 18, 1965, pp. 21–32.

Emery, F. E., and Trist E. L., *Towards a Social Ecology: Contextual Appreciation of the Future in the Present* (Plenum Press, 1973).

Etzioni, Amitai, *Modern Organizations* (Prentice-Hall, 1967).

Forrester, J. W., *Industrial Dynamics* (MIT Press, 1961).

Friedman, Milton, *Capitalism and Freedom* (Chicago University Press, 1962).

Galbraith, J. K., *The Affluent Society*, 2nd Edn. (Houghton Mifflin, 1969).

Galbraith, J. K., *Designing Complex Organizations* (Addison-Wesley, 1973).

Hertzberg, Frederick, *Work and the Nature of Man* (World Publishing, 1970).

Heyvaert, Hubert, *Stratégie et innovation dans l'entreprise* (Université Catholique de Louvain, 1973).

Hodgkinson, Harold L., *Institutions in Transition* (McGraw-Hill, 1970).

Jay, Anthony, *Management and Machiavelli* (Holt, Rinehart, 1967).

Kast Fremont E., and Rosenzweig, James E., *Organizations and Management: A Systems Approach* (McGraw-Hill, 1970).

Katz, D., and Kahn, R. L., *The Social Psychology of Organizations* (Wiley, 1966).

Koontz, Harold, 'The Management Theory Jungle', *Academy of Management Journal*, 4, December 1961, pp. 174–188.

Lawrence, P. R., and Lorsch, J. W., *Organization and Environment* (Harvard Business School, 1967).

Leavitt, Harold, *Managerial Psychology* (University of Chicago Press, 1965). (*See* Ch. 26: Technology and Organization.)

Levinson, H., *The Exceptional Executive: A Psychological Conception* (Harvard University Press, 1968).

Levinson, H., *Organizational Diagnosis* (Harvard University Press, 1972).

Likert, Rensis, *New Patterns of Management* (McGraw-Hill, 1961).

Lindblom, C. E., *The Intelligence of Democracy* (New York: Free Press, 1965).

Lindblom, C. E., *The Policy Making Process* (Prentice-Hall, 1968).

Lodge, George C., *The New American Ideology* (Knopf, 1975).

Lorange, P., 'Tailoring the Capital Budgeting System to the Behavioral Style of Management', Doctoral Thesis, Harvard Business School. 1971.

MacGregor, Douglas, *The Human Side of Enterprise* (McGraw-Hill, 1969).

Machiavelli, Niccolo, *The Prince* (Penguin Books).

Maier, Norman R., *Problem-Solving Discussions and Conferences: Leadership Methods and Skills* (McGraw-Hill, 1973).

Mansfield, Edwin, *Microeconomics* (2nd Edn.) (Norton, 1975).

March, J. G., and Simon, H. A., *Organizations* (Wiley, 1958). (*See* Ch. 5: Conflict in Organizations.)

Maslow, Abraham H., *Motivation and Personality* (Harper and Row, 1954).

Miller, R. E., 'Innovation, Organization and Environment.' (Université Catholique de Louvain, *Nouvelle Série*, No. *86*, 1971).

Mintzberg, H., 'Strategy Making in Three Modes', *California Management Review*, 1973.

Myrdal, Gunnar, *Against the Stream: Critical Essays on Economics* (Pantheon Books, 1963).

Normann, Richard, *Management and Statesmanship* (Siar, 1976).

Pettigrew, A. M., *The Politics of Organizational Decision Making* (Tavistock, 1973). (*See* Ch. 9: Sources and Use of Power in Decision Process).

Raiffa, H., *Decision Analysis* (Addison-Wesley, 1970).

Rothschild, William E., *Putting It all Together: A Guide to Strategic Thinking* (American Management Association, 1976).

Scheiffer, F., 'Planning for the Unexpected', *McKinsey Quarterly*, Spring 1974.

Scott, B. R., *Stages of Corporate Development* (Harvard Business School, 1970).

Selznick, P., 'Foundations of the Theory of Organizations', *American Sociological Review*, Vol. 13, 1948.

Selznick, P., *Leadership in Administration* (Harper and Row, 1957).

Silk, Leonard, and Vogel, David, *Ethics and Profits* (Simon and Schuster, 1976).

Sloan, Alfred P., Jr., *My Years with General Motors* (Doubleday, 1964).

Smith, Adam, *The Wealth of Nations*, 1776 (Chapter IV: How the Towns Improve the Country).

Steiner, George A., *Top Management Planning* (Riverside, N. J., Macmillan, 1969).

Thomas, J. M., and Bebnis, W. G., *Management of Change and Conflict* (Penguin Books, 1972).

Thompson, James D., *The Behavioral Sciences: An Interpretation* (Addison-Wesley, 1970).

Thompson, James D., *Organizations in Action* (McGraw-Hill, 1967) (*See* Ch. 2: Rationality in Organization; Ch. 8, The variable Human).

Vernon, Raymond, *Sovereignty at Bay* (2nd Edn.) (New York: Basic Books, 1972).

Vroom, V., and Yetton, P., *Leadership and Decision Making* (University of Pittsburgh Press, 1973).

Wagle, B., 'The Use of Models for Environmental Forecasting and Corporate Planning', *Operational Research Quarterly*, Vol. 20, pp. 327–36.

Whitehead, A. N., *The Function of Reason* (Beacon Press, 1958).

Zaleznik, Abraham, 'Power and Politics in Organized Life', *Harvard Business Review*, Vol. 48, May–June 1970.

Zaleznik, A., and Kets de Uries, M.F.R., *Power and the Corporate Mind* (Houghton Mifflin, 1975).